非洲经济评论

本项目受教育部"国别和区域研究培育基地"、上海市高原学科世界史建设项目、国家社科基金重大项目"多卷本《非洲经济史》"(项目批准号:14ZDB063)资助。

教育部"国别和区域研究基地"
外交部"中非智库10+10合作伙伴计划"单位
上 海 师 范 大 学 非 洲 研 究 中 心

非洲经济评论

2021–2022
African
Economic
Review

舒运国 张忠祥 刘伟才 主编

上海三联书店

上海师范大学非洲研究中心简介

上海师范大学非洲研究中心成立于 1998 年，2011 年被教育部评为"国别和区域研究培育基地"，2014 年入选外交部"中非智库 10+10 合作伙伴计划"。

中心由中国非洲史研究会顾问、国内著名非洲研究专家舒运国教授一手创办。目前，中心有专职研究人员 4 名、特别研究员 3 名、兼职研究员 6 名。

中心长期致力于非洲历史、非洲经济及中非关系等研究，先后完成国家社科基金项目、教育部项目、上海哲社项目、上海市教委项目多项。目前在研国家社科基金重大项目 1 项（舒运国教授主持的"多卷本《非洲经济史》"）和国家社科基金一般项目 1 项（张忠祥教授主持的"非国大与新南非国家治理研究"）。

中心成员出版专著十余部，发表论文百余篇。2012 年以来，张忠祥教授、舒运国教授、刘伟才副教授先后出版了《中非合作论坛研究》《20 世纪非洲经济史》《泛非主义史》《非行者言：19 世纪英国人非洲行居记录的史料价值及其利用》《大津巴布韦学术史论》《中非合作论坛 20 年研究》等著作，均在国内具有开创性。中心组织译介国外非洲研究成果，搭建"非洲经济史译丛""非洲历史人物传记译丛""非洲国别和区域历史丛书"等平台，已出版《非洲经济史：内部发展与外部依赖》《作为历史的口头传说》《历史视野下的非洲城市空间》《20 世纪前中部与东部非洲的贸易》等多部译著。

中心注重发挥自身专业特色，积极为中非合作献言献策，完成外交部"中非联合研究交流计划"项目多项，为相关政府部门提供决策咨询报告多篇。中心注重配合中非关系发展，通过在报刊媒体刊文以及在公众教育场合授课等形式进行非洲知识传播和中非关系宣传工作。中心注重发挥非洲经济研究特色，自 2012 年起编辑出版《非洲经济评论》，该刊已成为国内非洲经济研究的重要阵地之一。

在当前中非交流蓬勃发展的大背景下，顺应当前教育和学术研究国际化趋势，针对非洲研究注重实地调查的特点，中心注重国际交流，每年举办国际学术研讨会或工作坊，邀请国外学者来中心交流、讲学。中心研究人员均多次赴非考察，中心多名研究生也在国家留学基金委、教育部、国家汉办、外交部等多种中非交流平台的资助下赴非访问和学习。

目前，中心已与博茨瓦纳大学、内罗毕大学、赞比亚大学、津巴布韦大学以及南非、尼日利亚、贝宁等非洲国家的多所大学和研究机构建立学术和人员交往机制，并与英、法、美等国家非洲研究学者保持密切联系，努力走在国际学术科研的前沿，为中非关系的长期稳定发展献计献策。

前　　言

《非洲经济评论》于 2012 年正式创立,本书是第十本。

本书共设五个栏目:非洲经济、非洲国家的土地与非洲问题、非洲大陆自由贸易区研究、中非合作、研究生园地。

"非洲经济"栏目通过选译联合国非洲经济委员会《2021 年非洲经济报告》和联合国贸易和发展会议《2022 年非洲经济发展报告》的概述,对 2020 年以来非洲经济发展的基本情况进行了呈现。联合国非洲经济委员会的报告主要对新冠疫情以及油价暴跌等冲击造成非洲国家贫困加剧的原因和后果进行了分析,并对不同国家容易陷入贫困的人口进行了国别层面的评估。联合国贸易和发展会议的报告关注服务贸易问题,认为忽视信息和通信技术以及金融服务等知识高度密集型服务业的潜在变革作用是导致非洲在出口多样化方面仍然面临挑战的主要原因之一,而有效利用知识高度密集度型服务来提高私营部门的生产力和竞争力将是在非洲大陆自由贸易区下实现附加值更高的多样化和增长的关键所在。

"非洲国家的土地与发展问题"栏目包含五篇短文。黄正骊的《制约或挑战?非洲土地制度与基础设施发展》分析了非洲国家土地制度和基础设施发展之间的关系,强调土地管理的复杂性会造成基础设施发展的不确定性,正在深入参与非洲城镇化实践的中国机构应重视这一问题。齐腾飞的《肯尼亚国家公园:人与动物的土地之争》分析了在经济落后、土地资源日益短缺情况下肯尼亚的国家公园建设及其导致人与动物矛盾加剧的问题,认为人与动物的争地矛盾本质是社会结构因素导致的矛盾发酵,国家公园建设不应仅仅只考虑动物和动物带来的旅游收入。冯理达和布赖特·恩克鲁玛的《加纳城市中的"土地警卫"》论述了加纳城市中"土地警卫"的产生、活动和影响,指出围绕土地产权和流转产生的司法案件或暴力冲突呈上升趋势和国家权力在土地管理中缺位为"土地警卫"提供了空间,"土地警卫"既具保护效应又有破坏影响,尽管部分活动不合法,但他们仍将继续存在并发挥作用。高明秀的《津巴布韦土地改革继续向深入推进》论述了津巴布韦土地改革的历史背景、进程、成效,指出津巴布韦仍需在土地问题上继续努力,而在此条件下,中国与津巴布韦的农业合作既有机遇,也可能会面临挑战。刘伟才的《非洲国家土地与农业事务中的若干二元性问题》论述了非洲国家土地与农业事务中长期存在的传统土地制度与现代土地制度并存、生计农业与现代化商品农业并存、发展经济作物与保障粮食安全难以平衡、吸引外国投资与保障农民利益难以两全等二元性问题,指出相关问题在新时期有所凸显,非洲国家在这方面的改革探索仍然任重道远。

"非洲大陆自由贸易区研究"栏目选译了联合国非洲经济委员会关于非洲大陆自由贸易区与非洲服务贸易自由化问题的研究报告,世界银行关于非洲大陆自由贸易区与非洲贸易、投资和增长减贫问题的研究报告以及相关学者关于非洲大陆自由贸易区与商法的研究论文。联合国非洲经济委员会的第十份《非洲区域一体化评估报告》(ARIA X)以非洲的服务贸易自由化与非洲大陆自由贸易区框架下的一体化为主题,分析了最有可能支持非洲新冠疫情后复苏及其全面发展的方法类型,认为非洲大陆自由贸易区建设应重视加强非洲内部金融、运输、通讯、旅游、商业等领域的服务贸易,这样才能更好和更有效地融入区域和全球价值链,加强公私部门能力,在日益数字化的全球经济中提高竞争力。世界银行的《充分利用非洲大陆自由贸易区——促贸易,引投资,助力增长减贫》评估了非洲大陆自由贸易区的潜在经济与社会效益,讨论了成功的政治经济条件以及将非洲大陆自由贸易区的相关承诺转变为现实所需的步骤,强调应通过非洲大陆自由贸易区促进更紧密的经济合作,进而实现使非洲更加繁荣的承诺。奇萨·奥尼耶奎和埃戈萨·埃卡特的《非洲大陆自由贸易区与商法——对非洲国际贸易法律概念的重建》探讨了非洲大陆自由贸易区的可变几何原则和争端解决机制,认为这两个原则构成了非洲背景下现代商法的核心要义。

"中非合作"栏目包含两篇论文。王南的《中国企业文化进入非洲及其作用》论述了中国的企业文化,探讨了中国企业进入非洲后企业文化的积极作用和正面效应,认为中国企业文化进入非洲有助于非洲分享中国发展的经验,有助于在非相关项目的落实推进,有助于中国企业文化的发展完善,有助于推进中非经贸合作的发展,应对中国企业文化进入非洲予以认可并开展相关交流活动和专题研究,还要为中国企业文化进入非洲助力和推介。余建华的《中埃共建"一带一路":动因、成就与挑战》论述了中国与埃及关系的历史与现状,指出将埃及确定为并打造成"一带一路"沿线支点国家是中埃两国在传统友好合作基础上顺应时代潮流、符合现实需要的必然战略抉择,契合两国在迈向民族复兴关键新时期以互利合作实现共同发展、再现文明辉煌的宗旨与愿景,相关战略和举措不仅有助于中埃全面战略合作的继往开来,还将为中阿、中非命运共同体先行先试提供样板。

"研究生园地"选摘了两篇研究生学位论文。《开普敦城市经济发展模式探究》摘编自石海龙的博士学位论文,该文从港口和旅游发展两方面探讨了开普敦的城市经济发展问题,指出港口和开普敦沿海地区的再开发使开普敦的前滨沿海地区成为城市旅游业中的重要一环,由此形成的港口—旅游互动型的城市经济是开普敦城市发展历程中最引人瞩目的成效之一。《中国与加纳经贸关系研究(2000—2018)》摘编自曾在中国求学的加纳籍学生娜娜的硕士学位论文,该文通过梳理中国与加纳经贸关系的历史,探讨了 21 世纪以来中国与加纳经贸关系发展的内容、成效与挑战。作者承认中国对加纳的贸易和经济格局具有重要影响力,且这种重要影响力会在可预见的未来继续显著提升,但中加双方仍需要在投资规范、中加贸易结构平衡等方面进一步提升合作。

目录 | Contents

非洲经济

非洲国家的土地与发展问题

非洲大陆自由贸易区研究

中非合作

研究生园地

非洲经济

2021 年非洲经济报告

——应对新冠肺炎疫情下非洲的贫困与脆弱问题①

联合国非洲经济委员会　编撰　陈一能　译

摘　要：《2021 年非洲经济报告》的主题是"应对新冠肺炎疫情下非洲的贫困和脆弱问题"。报告在"脆弱性—贫困度—恢复力"框架内对新冠肺炎疫情以及油价暴跌等冲击造成贫困加剧的原因及后果进行了分析,并对不同国家容易陷入贫困的人口进行了国别层面的评估。

关键词：非洲经济;新冠肺炎疫情;贫困

译者简介：陈一能,上海师范大学非洲研究中心研究生

《2021 年非洲经济报告》的主题是"应对新冠肺炎疫情下非洲的贫困和脆弱问题"。该报告在"脆弱性—贫困度—恢复力"框架内对新冠肺炎疫情以及油价暴跌等其他冲击造成贫困加剧的原因及后果进行了分析,并对不同国家容易陷入贫困的人口进行了国别层面的评估。

本报告的主要信息包括:非洲的贫困是高度动态的;贫困人口因暴露于新冠肺炎疫情等冲击造成的风险所引起的消费波动中而不断致贫脱贫,他们无力去控制未加保险的风险,该风险只会增加他们的脆弱性;非洲的贫困在地理上也是集中的,两个大宗商品出口国——刚果民主共和国和尼日利亚——在非洲大陆的贫困中占有很大比例。

"脆弱性—贫困度—恢复力"框架为了解与致贫脱贫有关的微观因素以及为什么一些家庭长期处于贫困状态提供了有益的见解。这些见解可以指导政策。

---

① 本文为联合国非洲经济委员会《2021 年非洲经济报告》概述的编译。报告英文全文见：UNECA,*Economic Report on Africa 2021：Addressing poverty and vulnerability in Africa during the COV-ID-19 pandemic*，UNECA，2022。

该报告的一项重要贡献是强调了风险和应对冲击的脆弱性在非洲减贫战略设计中的中心地位。

根据联合国非洲经济委员会的数据,新冠肺炎疫情造成的干扰在 2020 年使约 5500 万非洲人陷入极端贫困,扭转了非洲大陆 20 多年来在减贫方面取得的进展。该疫情通过供需冲击的共同作用对家庭部门产生不利影响,导致经济活动、就业和收入下降。每天消费 1.90 美元至 2.09 美元(贫困线以上 0%—10%)的非贫困人口很可能因疫情而陷入贫困,因为即便是很小的消费波动也会使他们陷入贫困。资产少、获得信贷机会有限、非正规就业和低工资的穷人特别脆弱,并受到疫情遏制措施的严重打击。由于非洲大陆的疫苗接种率较低,疫情对许多国家的影响可能会长期持续,并对经济和家庭福祉造成巨大影响。

一、 政府应对新冠肺炎疫情对贫困的影响

非洲国家应对新冠肺炎疫情造成的贫困影响,部分途径是采取扩张性财政和货币政策,以维持消费和总需求,防止企业倒闭和失业。截至 2020 年 6 月,20 多个非洲国家的央行降低了政策利率,30 多个国家的央行宣布了应对疫情对经济和市场影响的政策措施。扩张性货币政策和降低贷款利率是迄今为止使用最多的宏观经济措施。

2020 年,非洲国家在财政刺激上花费了 22 亿美元,包括增加支出、延长逾期贷款的支付期限以及减税。平均而言,应对新冠肺炎疫情的财政支出增加了一倍,达到国内生产总值的 3.3%。

不过,非洲年人均消费仍为 28 美元,远低于北美的 4253 美元和欧洲的 629 美元。非洲大陆的财政赤字在 2020 年达到峰值,约占国内生产总值的 8.1%,要恢复到疫情前的水平需要数年时间,公共债务与国内生产总值之比也同样需要数年时间(可能还要长一年)。鉴于非洲国家的融资总需求较高,国际货币基金组织认为非洲国家可持续债务与国内生产总值之比仍将高于使其可持续发展的60% 的阈值。

非洲各国政府增加了对贫困群体和弱势群体的社会援助。鉴于非洲非正规就业和弱势就业比例高,现金和实物社会援助转移仍然是政府保护穷人免受新冠肺炎疫情影响的主要援助形式。从一个较低的基数开始,到 2020 年,此类转移支付占所有社会保障方案的 74%,远高于 62% 的全球平均水平。然而,社会

转移支付的平均金额太小,不足以增加穷人的消费并使他们能够摆脱贫困。

失业救济、工资补贴和工作保留计划有助于支持正规部门工人的收入,并在一定程度上帮助维持该部门的就业率。但非正规工人没有从政府资助的社会保障或税收减免中受益。

二、 报告的主要发现

报告的主要调查结果如下:

非正规部门和弱势就业的工人最容易陷入贫困。依赖非正规经济的人们,特别是妇女、残疾人、难民和流浪者,在新冠肺炎疫情的经济冲击中受害最深。由于失业,处于弱势就业状态的人最有可能陷入贫困,这一情况因疫情而恶化。大约有5800 万非洲非贫困人口,他们每天的消费为 1.90 美元至 2.09 美元(贫困线以上0—10%),除非得到现金或粮食的支持,否则他们极易因疫情而陷入贫困。

新冠肺炎疫情对贫困和脆弱性的影响因国家而异。这种差异基于弱势群体和低收入群体的状况,并在很大程度上取决于政府的事前政策和采取的事后措施,包括通过国家提供医疗、教育和社会保障等公共产品来减轻疫情带来的影响,对劳动力市场进行干预,通过如储蓄等手段发挥个人能动性。

新冠肺炎疫情对贫困的影响也因政府应对措施和政策而异。报告确定了六组贫困和脆弱程度不同的国家,发现这些国家初期贫困和脆弱程度较低,有能力创造足够的就业机会,青年对老年人抚养比率较低,劳动力受过高等教育,有良好的互联网基础设施来支持数字经济,例如埃及、毛里塔尼亚和塞舌尔,可能在受冲击期间经历低贫困和低脆弱性,因此具有很强的风险管理能力。而那些缺乏这些关键属性的国家,如埃塞俄比亚和尼日利亚,则恰恰相反,这些国家几乎负担不起社会援助。这一群体是疫情造成的大多数"新穷人"的来源。由于暴露于风险中而导致的消费波动,穷人不断陷入也不断脱离贫困,这一事实表明,疫情在 2020 年从根本上改变了这些基准条件,并可能改变脆弱性的位置和规模以及受其影响的人。

缓解贫困影响的财政空间十分有限。由于新冠肺炎疫情,许多非洲国家的财政空间仍然严重受限,在政府不断增加借贷以缓解疫情影响的同时,政府收入不断减少。约有 15 个国家面临债务危机风险,乍得、埃塞俄比亚和赞比亚(非洲五个债务危机国家之一)已在二十国集团共同框架下申请债务减免。长期而言,旨在改革经济、加速增长和减少公共债务的国家将需要增加收入,并投资于经济的生产性部门。

妇女更容易陷入贫困。各国政府应对新冠肺炎疫情的社会经济政策加剧了性别不平等。在南非,最贫困的百分位点上有 47% 的就业女性失业,而在同样的百分位点上,就业男性的失业比例为 36%。未受过高等教育但在最贫困百分位点上就业的妇女受害最深。在那些仍在工作的人中,女性的工作时间和工资降幅比男性更大。妇女还承担了更多的子女家庭教育和相关职责以及照顾病人的额外负担。

家庭的应对策略正处于崩溃边缘。新冠肺炎疫情对个人消费和福利的经济影响取决于风险的规模、持续时间和频率、风险敞口、应对政策以及家庭控制风险的能力。很少或无法获得正式保险或信贷的家庭往往依靠非正式的应对策略来减轻因为冲击而造成收入减少的影响。他们利用疫情前的应对机制以平滑消费——如转账和汇款、资产清算和移民——的能力减弱,这使他们更容易陷入贫困。疫情的不利冲击与现有脆弱性相互作用,加剧了非洲大陆在疫情前面临的社会经济挑战。

贫穷和脆弱性是相互关联的,因此政策干预必须共同解决这两个问题。新冠肺炎疫情证明,有必要重点改善弱势家庭的风险管理和增强其抵御能力。反贫困战略不应仅局限于在事后减少现时的贫困,而也应在事前减少易受贫困影响的程度,并加强抵御未来冲击的能力。考虑的措施包括扩大社会援助、鼓励家庭建立家庭资产、创造生产性就业岗位、建立或扩大需要缴费的社会保障计划以及在社会基础设施中进行投资以促进经济增长。从长期来看,同样重要的是将社会保障与生产率提高和就业机会联系起来。最后,将贫困的结构性部分与受冲击的部分区分开,这对未来的政策举措很重要。

三、 未来的方向:改善风险管理和增强抵御能力

新冠肺炎疫情暴露了包括非洲在内的世界各地卫生和社会经济体系的脆弱性。各国政府面临双重挑战,既要遏制疫情,又要应对其破坏性的社会经济影响。随着各国准备退出自我实施的封锁,它们需要采取措施以确保可持续的经济复苏,并建立家庭对未来外源性冲击的抵御能力。

报告为非洲各国政府提供了以下政策建议:

采取有针对性的社会保障。政府需要建立机制，让弱势群体，包括那些每天收入略高于 1.9 美元的人，获得与生产性就业相关的针对性社会保障。社会保障措施可以起到社会经济稳定器的作用，同时刺激危机中和危机后的总需求。必须将社会保障与改善进入劳动力市场的机会以及因此而积极的劳动力市场方案联系起来。这一联系将使人力资本积累方面的投资成为对商业发展和促进以及创造就业的投入和补充，特别是在青年群体中。根本上，这一措施将需要调动更多的国内收入。

向最弱势群体提供短期社会援助。在短期内，政府需要制定政策和支持方案，防止弱势群体陷入永久贫困。这可能包括向那些通常工作不稳定因而可能在长期封锁期间陷入贫困的人提供现金和实物援助，如体力劳动者、非正规商贩、小企业主和零售工人。其他社会援助措施可包括向小企业提供税收减免（这些企业的经营往往利润率很低）、延长中小企业的短期贷款期限、在健康危机期间实行租金管制以及补贴水电费。

确保所有人的健康保障。从长期来看，非洲国家需要通过投资于所有人的健康保护来建立复原力，这也为创造就业提供了巨大潜力。这些领域包括升级卫生基础设施和系统，建设有技能的卫生人员供应（医生、护士、实验室技术人员、病毒学家、传染病专家以及检测和治疗专家），并通过征税和基于缴费的社会或国民健康保险计划，优先公平地获得医疗保健服务。

为未来疫情建立国家和区域卫生应急准备和反应系统。各国需要识别和评估风险；评估国家应对风险的能力；采购必要的救生设备和工具；制定保护、预防、缓解和恢复的详细计划；并全面加强机构和人员能力建设。还需要一项沟通和外联战略，以动员公众对预防危机有共同的了解。

通过"非洲疫苗生产伙伴关系"（Partnership for Africa Vaccine Manufacturing）等倡议建设国内疫苗生产能力。非洲约 99％ 的可用疫苗仍然是进口的。一些国家已经与主要的欧洲和北美公司达成协议，通过公私合作或分包安排生产疫苗。这项倡议应该获得国际货币基金组织于 2021 年 1 月宣布的非洲特别提款权拨款（估计为 330 亿美元）的资金，以利用私营部门和金融机构的资源。

利用非洲大陆自由贸易区和非洲范围内的其他倡议来创造体面的就业机会和减少贫困。通过这种方式，非洲国家可以改善跨国劳动力流动，鼓励工人提升技能，转而从事生产率更高的工作。最后，药品的集中采购可以为建立全球和区域医疗用品供应链铺平道路，提供创造许多就业机会的潜力。

非洲的经济发展

反思非洲出口多样化的基础
——工商业和金融服务的催化作用[①]

联合国贸易和发展会议　编撰

摘　要:非洲是世界上出口多样化程度最低的区域之一,极易受到全球初级商品价格冲击的影响,这有损于非洲大陆的包容性增长和发展前景。忽视信息和通信技术以及金融服务等知识高度密集型服务业的潜在变革作用,是导致该地区在出口多样化方面仍然面临挑战的主要原因之一。在非洲大陆自由贸易区下解决服务贸易壁垒问题,将是发挥服务业在提高非洲产品多样性和复杂性方面变革作用的关键所在。此外,报告建议,为了让出口多样化战略发挥作用,应采取政策来促进普及创新融资技术,包括向中小企业提供创新融资技术。有效利用知识高度密集型服务来提高私营部门的生产力和竞争力,将是在非洲大陆自由贸易区下实现附加值更高的多样化和增长的关键所在。

关键词:非洲;出口多样化;服务业;服务贸易;金融

一、导言

尽管非洲国家为实现出口多样化作了努力,其出口却仍然主要依赖农业、采矿和采掘业的初级产品。这不利于工业化和人力资本的发展前景,因此从长远

[①] 本文为联合国贸易和发展会议《2022 年非洲经济发展报告》概述的官方中文版。报告英文全文:UNCTAD, *Economic Development in Africa Report 2022: Rethinking the Foundations of Export Diversification in Africa—The Catalytic Role of Business and Financial Services*, UNCTAD, 2022, https://unctad.org/publication/economic-development-africa-report-2022。

来看,对包容性增长有负面影响。由于市场价格时涨时跌,45个依赖初级商品的非洲经济体的出口收入非常不稳定。近年来,非洲的多个地区实现了经济正增长,但这种增长部分是由于初级商品的超级周期。出口高度集中于少数初级商品可能会导致宏观经济的不稳定,特别是在初级商品价格波动和全球冲击期间,例如在供求关系受此影响的情况下。这些冲击对贸易平衡、出口收入和资金流动的破坏性影响反过来又会对生产力、经济增长、(政府和国民)收入以及投资产生负面影响。初级商品价格冲击还与依赖初级商品国家的金融部门发展水平较低有关。

对这些国家来说,要在全球经济中实现繁荣,并克服因初级商品价格波动而加剧的脆弱性和经济不确定性,实现非洲出口及经济的多样化是最可行的手段。目前,非洲经济在转型和实现更高程度的多样化和竞争力方面有很大潜力。非洲大陆自由贸易区的成功实施、不断壮大的中产阶级、新兴的消费市场、对金融服务和技术的更多利用以及充满活力的私营企业将推动非洲的出口多样化和可持续经济增长。

然而,通过审查非洲国家在区域和全球层面为实现出口多样化和提高竞争力而实施的各种战略,可以明显看出,作为工业、制造业和农业生产活动的基石,服务部门的潜力被低估。此外,许多出口多样化方案忽视了私营部门和金融服务在实现方案目标方面的潜力。包括中小企业在内的私营部门可以为非洲经济的多样化和转型提供创新和高效途径;中小企业可以将金融服务作为一个可持续渠道,用以筹集资金,以便打入新市场、实现出口多样化、升级生产活动和提高竞争力。

在这方面,《2022年非洲经济发展报告:反思非洲出口多样化的基础——工商业和金融服务的催化作用》强调,非洲国家通过加强知识高度密集型服务,特别是信息和通信技术及金融服务的内部化,在实现转型和更高程度的多样化和竞争力方面拥有巨大潜力。报告确定并分析了促进服务部门增长的新途径,这些途径可以加强非洲国家在全球高端价值链中的后向和前向参与。在推动这一进程方面,报告重点关注如下:(a)包括中小微型企业在内的充满活力的私营部门可为非洲经济多样化和转型提供创新和高效途径;(b)包括中小企业在内的私营部门可以将催化性金融服务作为一个可持续渠道,用以筹集资金,以便打入新市场、实现出口多样化、升级生产活动和提高竞争力。

二、 主要结论

报告中的分析说明了服务部门如何能够有力地推动非洲经济的多样化、增长和结构转型。然而,这需要调整政策,在服务部门和其他经济部门,特别是制造业之间建立互补性。非洲大陆自由贸易区的实施可能有助于推动各国努力将这些服务和产业挂钩,并有助于优先考虑与对某一国家具有战略意义的价值链相关的服务部门。

几十年来,出口多样化一直是非洲的政策优先事项。然而,所有非洲国家中,只有不到一半的国家取得了成功。虽然一些国家在出口篮子中增加了新的产品种类,但在引导工业部门转向高附加值制成品方面进展不足,而高附加值制成品是成功实现部门增长并有效融入区域和全球价值链高价值环节的关键。

许多文献都论述了服务业在区域和全球价值链中的关键作用,但报告显示,非洲的服务贸易水平低,2005 至 2019 年期间仅占其出口总额的 17% 左右。此外,旅行和交通运输等传统服务业在服务贸易中占主导地位,占服务贸易总额的三分之二以上,这表明在非洲大陆内部获得各种基本竞争性服务投入的机会有限。

在 12 个服务业分类标准中,有 8 个为知识密集型服务,这类服务有可能带来更高价值的服务出口,促成商业运作和生产系统的创新,并推动部门增长。然而,这类服务在非洲服务出口中的份额不足,仅占非洲大陆服务出口总额的 20%。尽管传统服务业(旅行、交通运输、保养和维修服务)对促进生产和供应间联系具有重要意义,并在净贸易成本方面深刻影响着企业的总体竞争力,但却不直接影响出口篮子的复杂性和多样性,而在信息和通信技术服务等知识高度密集型服务的影响下,出口篮子的复杂性和多样性都会增加。

服务业通过提供工商业、金融以及信息和通信技术服务,降低了开拓新市场和制造新产品的难度,因此对于加强出口多样化至关重要。然而,对于确保提供相关服务以保证制成品的复杂性和多样性都能增强而言,服务贸易在国内市场参与者和产品多样性方面的表现仍很关键。例如,大多数非洲国家对工商业和通信服务投入的利用率较低,在生产和出口产出中平均约占 10%。虽然生产投入的 50% 以上流向了各项服务,但其中分销服务占比最大。

大多数国家的制造业内部关联程度都不错。制造业内部投入平均约占制造业生产投入的 48％，约占该部门出口增值的 46％。这表明，如果加强各项服务间的联系，提高质量和多样性，区域价值链将发挥潜力。加强服务部门并增加各部门的附加值，被认为是提高出口生产力和竞争力以及促进各国切实融入生产性价值链的关键。然而，在大多数非洲国家，服务业在其他经济部门的内部化程度很低。

服务部门可以有力地推动非洲经济的多样化、增长和结构转型。然而，这需要调整政策，在服务部门和其他经济部门，特别是制造业之间建立互补性。非洲大陆自由贸易区的实施可能有助于推动各国努力将这些服务和产业挂钩，并有助于优先考虑与对某一国家具有战略意义的价值链相关的服务部门。

非洲若要更好地利用服务贸易的潜力，服务业方面的政策和监管需要更好地面向市场失效的领域，即可获得性、质量、可负担性、竞争、服务贸易的高成本、保护主义政策、较低的数字化和技术水平、获得金融服务方面的困难和较薄弱的基础设施。解决生产能力受限问题和强化区域一体化将是加强重要服务内部化的关键所在。

工商业可以在实现出口多样化的工作中发挥重要作用，包括促进出口的集约边际和扩展边际，以及利用知识高度密集型的服务促进新产品或现有产品进入新市场。

非洲的中小企业将受益于服务部门的众多机遇。然而，这些企业需要有创新头脑，并充分利用服务部门的网络，改善有关市场和其他发展情况的信息的获取。克服信贷限制，便利中小企业获得可负担的融资，对中小企业的发展、竞争力的提升和使之成为增长和多样化的潜在动力非常重要。

此外，中小企业是非洲经济的支柱，占该地区企业总数的 90％ 左右，雇佣了该地区约 60％ 的劳动力。服务贸易为加强非洲中小企业的参与提供了许多机会。然而，由于获得融资的机会受限，在区域和全球市场的融入程度不高，以及技能基础有限，中小企业几乎不可能与主导该部门的大型公共和私营公司竞争。在部门内或产业集群间打造基于价值的可行网络，并建立更强健的伙伴关系，促进更深入地融入区域和全球价值链，是在不同服务分部门发挥中小企业作用的最有效方式。

在发挥中小企业潜力促进非洲出口多样化和整合服务贸易联系方面，可能会面临重大挑战。这些挑战包括非正规性问题、资金缺口和外包服务所必需技能的缺失。非正规经济仍然普遍存在于许多非洲国家，在经济总体中占很大比例。2010 至 2018 年,非正规经济占非洲国内生产总值的 36%。约 5000 万家正规微型企业和中小企业每年 4160 亿美元的融资需求未得到满足。出口企业,特别是新进入出口市场的企业和小规模出口企业,需要获得外部融资来支付进入出口市场所需的大量成本。这些成本包括信息成本(更好地了解潜在国外市场的法规和标准)、合规成本(重新设计符合特定市场需求标准的出口产品,建立符合国外市场法规和标准的新流程)以及与贸易壁垒有关的其他成本(海关、物流、前置期和关税)。

克服信贷限制,促进中小企业获得可负担的融资,对中小企业的发展和竞争力的提升以及使它们成为增长和多样化的潜在动力非常重要。许多非洲国家现有的金融结构没有提供更多的灵活性和资源来支持小企业的增长和出口实绩,后者需要有风险资本和天使投资等有针对性的融资机制,以及能够改善传统信贷渠道和提供其他可以弥补微型企业和中小企业融资缺口的有前景渠道的金融技术。

虽然金融产品和服务市场尚未发展和深化至足以影响非洲出口增长和多样化模式转变所需的成熟度,但在扩大和升级金融产品和服务组合以及提供更多以企业为中心的可以提高中小企业运营效率和竞争力的创新产品方面,替代融资办法具备潜力,或许可以在出口多样化方面带来重大变革。为有效实施出口多样化举措,需要有基于规则的治理框架和协调一致的金融部门政策,包括与金融技术有关的政策。

鉴于目前的投资模式无法满足非洲中小企业,现已经到了探索新选择的时机。如果有适当的法律和制度框架,金融技术和替代融资办法就可能带来变革,不仅可以促进中小企业的融资和增长,还可以利用这些企业的潜力推动出口多样化。最近,金融技术的发展和替代融资办法的创新已开始对中小企业和成年人口中约 42% 的无银行账户的人(主要是青年和农村居民)产生重大积极影响,让这些企业和个人更容易获得更适合其具体特点和需要的融资机会,并扩大了获得这种融资的机会。尽管金融技术和其他中小企业替代融资模式(股权融资、风险资本、信用保险和点对点借贷)的潜力巨大,但许多法律、监管、运作和透明度方面的障碍可能会妨碍贸易惯例和非洲公司(包括出口型公司)使用这些技术和模式。

三、 政策建议

关于出口多样化战略或驱动因素的大部分讨论都集中于公共部门的作用,

但对私营部门等更具活力和变革性的因素的讨论却有限。金融技术等知识高度密集型服务部门和系统对非洲出口和整体经济转型至关重要。

要提高非洲出口的复杂性和多样性,需要采取双管齐下的办法,即一方面着眼于提高制造业部门服务利用率的激励措施,扩大开发潜在新产品的创业活动,并惠及结构改革;同时优化机会,深化融入区域和全球价值链,并促进有利的商业和金融服务。这就需要应对那些有损服务贸易业绩的壁垒。还需要增加获得竞争性服务的机会,同时调整国家和区域投资和贸易政策,从战略上提高企业的生产能力,以开发那些有可能改变和完善生产结构和市场活动,但未必会挤占现有产品和企业多样化潜力的新产品和新服务。

(一) 提高个人和企业的效仿及创新能力

有几种渠道可以提高个人和企业效仿现有产品和开发新产品的能力。在效仿和开发新产品以促进出口多样化方面,知识产权发挥着关键作用。更强有力的国家知识产权是创新活动的重要动力,有利于出口多样化。企业在开发新产品时面临风险,但一旦成功,其他公司就会跟风,从而加剧竞争,导致利润下降。因此,创新和企业层面产品多样化的社会效益要大于私人效益。然而,保护知识产权的限制性国际架构限制了企业对其试图效仿的产品进行逆向工程和复制的机会,进而可能有损于出口多样化战略。因此,非洲的政策制定者应确保在国家层面建立和(或)落实知识产权体系,以保护企业的创造力。此外,非洲的政策制定者应倡导支持提高灵活性,如世界贸易组织《与贸易有关的知识产权协定》下的自愿许可证,这有助于实现发展目标。制定协调一致的区域框架有助于推广使用和实施知识产权相关政策以及其他可以促进非洲企业的增长和竞争力的措施。

(二) 支持企业创新

大多数中小企业一般没有多余的创新资源,在尝试多样化的过程中可能会失败。获得用于促进经济多样化的融资工具,例如开发银行提供的资金,可以促进效仿。此外,提供研发补贴以激励企业创新,也是扩大多样化的重要手段。政府应就所有这些渠道采取行动,提高企业的效仿能力,从而提高效仿效率。强化市场信息工具也可以减少市场的不确定性,提高成功几率。因此,非洲各国政府应设计和使用政策工具,教导企业如何创新和效仿。其中一些政策工具包括:公私合作研发、创新中心、推广服务和产业研究所。投资创建国家创新体系,利用大学、研究机构、金融机构、认证和计量机构以及监管机构的技术和科技专业知识,是促进创新企业成长的有益措施。此外,非洲各国政府应提供培训,让人们掌握必要的创业技能,利用创新体系创建新企业,生产和提供国家不提供的商品和服务。这将包括除创建企业以外的多项具体技能,其中的核心技能是在人们已做工作的基础上识别效仿机会所需的能力。

(三) 扩展技术集合,扩充基础设施

另一种促进效仿的方法是扩展技术集合并提高基础设施的质量。这包括进入某一部门的新企业在重要领域的技能和技术,其中包括电力和数字基础设施。促进技术转让是一项常用机制,可用于提高某经济体的技术水平并增加出口多样性。报告述及了多种促进技术转让的方式,包括最终产品的出口或进口(贸易)、许可证、购买外国公司(合并和收购)、战略联盟或合资企业、出于工作或教育目的的人口迁移、开放知识来源、与研究实体签订合同、合作研发、大学之间的技术转让合作,以及双边或多边技术协定。例如,为促进向最不发达国家转让技术,设立了最不发达国家技术库。"技术促进机制"的在线平台提供可用于实现可持续发展目标的现有技术信息,也有助于这项工作。在职培训对于转让不可交易的技术(诀窍、隐性知识以及在实践中掌握的方法和程序)至关重要。某一发展中国家的某一公司获得了新技术的许可,技术便发生了转移,但此时技术转让并未全部完成。因此,非洲各国政府应建立中央开源技术数据库,以促进信息共享、技能差距需求评估以及为本国企业和个人设计更有效的技术转让举措。非洲的政策制定者应制定的政策和投资协定应能确保技能转让、掌握技术诀窍和创新,并有助于满足本国企业和劳动力的具体技能升级需求,从而促进本国竞争力,创造就业机会。

一国在推动新部门发展时,应让更多的人接受相关领域的培训。因此,非洲各国政府应为能在新部门提供比较优势的人员和企业作更多的投入。这包括培训工程师使用新机器,培训技术人员从事新工艺并通过观察和实践来学习新技术。此外,在打造非洲各国政府与私营部门间更密切的伙伴关系时,应着眼于提供可以促进工业化的有针对性的基础设施和技术,并为此调动更多的国内资源;还应采取战略,包括面向区域的整体办法来解决经济基础设施(电力、信息和通信技术以及交通运输)不足的问题。这种办法将有助于促进切实有效地融入区

域和全球价值链。同样重要的是,产业政策应面向本地的中小企业,例如,通过制定公共采购条款和外国投资规定来建立与国内私营部门的联系,或通过激励措施来促进合资企业。

(四) 加强产业间联系,鼓励国内企业使用本地成分和本地供应商

在非洲服务贸易的部门和模式方面已经取得了一些进展,特别是通过非洲大陆自由贸易区取得的进展,以及在各成员国实施非洲大陆自由贸易区之前取得的进展。进展主要涉及交通运输、旅游和模式服务,这些都是人员流动的渠道。例如,在非洲交通运输政策方案下,交通运输部门取得了里程碑式的重要部门发展,该方案旨在通过建立综合公路和交通运输走廊及网络,更有效地在非洲各地运输货物和人员,改善非洲地区连通性。然而,提供的服务仍然不尽人意,而且成本很高。各种监管和政策缺陷普遍存在,阻碍了非洲充分利用服务部门的潜力。因此,非洲各国政府应定期评估和审查消除中小企业有效参与服务贸易多样化主要障碍的进程。这包括鼓励那些在非正规部门经营的中小企业在正规系统注册。正规的注册系统将带来诸多益处,如政府对打造和提高技能和技术的支持方案,以及增加利用创新融资工具和制度的机会。

非洲各国政府还应采取面向中小企业的产业政策,尽量减少这些企业的规模对其技术和财政能力的影响。为此,可以促进外国直接投资在某一国家设立的工厂使用本地公司作为供应商(例如,通过制定公共采购条款和外国投资规定来建立与国内企业的联系或促进合资企业的设立)。为加强国内供应商和大企业之间的联系从而替代进口,非洲各国政府和相关合作伙伴可以通过投资促进机构或其他相关体制或监管安排等方式制定供应商发展方案。同一行业或相关行业的企业都可受益于专业供应商、服务和技能外溢。在非洲大陆自由贸易区方面,应促进以纳入本地区公司为基础的区域方针。例如,在《非洲大陆自由贸易区竞争政策议定书》下开展的区域合作和协调应以更有效地处理跨界反竞争行为为目标,并为行政能力有限的国家(如最不发达国家)提供特别规定或特殊待遇。

(五) 增加中小企业获得替代融资的机会

促进金融部门参与者和产品多样化的相关政策将是确保企业间和部门间金融包容性的关键。例如,虽然促进银行业的增长至关重要,但报告强调了保险服务对出口多样化的重要性。在非洲,开发新的出口产品种类通常被认为伴随着

风险,这表明只有在使用保险产品和服务来对冲这种风险的情况下,才有可能开发新产品。在初创企业和中小企业融资方面,银行一般会为现有产品线而不是新的产品线融资。除了保障企业(特别是中小企业)拥有公平的竞争环境外,更有力的产权保护和基于规则的治理,是促进出口多样化的先决条件。例如,非洲的政策制定者可以与金融机构和市场参与者合作,制定新的政策和方案,为中小企业提供专门的金融和非金融产品和服务,如政府贷款担保和风险分担,更好地帮助满足中小企业的长期资金需求。应开发包括金融技术在内的替代融资手段,同时制定适当的监管框架,为中小企业解决融资决策中固有的信息不对称问题,使资金更容易流入这一传统上被忽视但前景广阔的部门。

此外,应鼓励非洲监管机构和金融服务提供商促进不同国家和区域管辖范围内的数字服务和产品在技术、规则和标准方面的互操作性。应鼓励非洲的监管机构、监督机构、标准制定机构和金融技术公司更密切地合作,为金融服务中技术的使用制定一致的测试框架,并采用适当的规则和标准,以确保金融技术和其他创新的广泛使用。金融技术的风险或不确定性会阻碍市场参与者使用这些技术,为减少这些风险或不确定性,上述合作机制应辅之以立法和规则。除其他外,应包括防止洗钱的立法、客户资产保护规则、对受监管金融机构所面临数字威胁风险和其他系统性风险的审慎处理以及"了解客户"的程序和要求。此外,还必须建立培训机制和其他信息共享机制,以支持监管和监督机构就金融服务业对技术的使用形成适当的内部理解和发展专门知识,并建立能够建设这些机构监测和减轻与应用此类技术有关的集中风险、业务风险和系统风险能力的机制。非洲各国政府、国家及区域层面的金融机构和监管机构应促进区域一体化和不同制度、法规和平台的融合,以促进金融技术的发展和增加跨界获得替代性融资的机会。这包括建立区域清算、结算和支付系统,立法制定区域政策,并制定旨在统一对创新金融技术的使用进行监管和监督的战略。

(六) 通过与包容性增长和金融普惠的目标和做法保持一致,最大限度地发挥非洲大陆自由贸易区促进出口多样化的潜在作用

报告指出,克服一些结构性制约因素的一个可能办法是,通过区域一体化促进与密切贸易伙伴的贸易,并通过营销和咨询如何进行产品市场定位来促进商业服务。报告指出,进口商的需求和国内生产总值比非洲出口商的市场规模更重要,这一结论强调了区域一体化在克服小国所受制约、增加企业扩大规模的机

会和促进出口多样化方面的潜在作用。冗长的创业过程、繁琐的贸易法规以及价值链中的特定要求或偏好造成的进入壁垒，对本地企业和边缘化群体开展商业活动和进入市场构成了重大挑战，即便在价值链的低端也是如此。打破市场准入的监管障碍和确保所有群体平等获得生产资源，应被视为实现多样化的前提条件。

有必要进行金融技术方面的监管创新并对竞争政策、投资便利化、促进和保护采取区域性方针，跨境保护消费者和中小企业免受大企业反竞争行为的影响，同时保持效率和负担得起的产品的供应。非洲国家和区域机构应特别关注弱势群体的需要，并应加强努力，消除妨碍女企业家拥有和经营企业或妨碍她们切实和有力地参与正规跨境贸易的正规法律壁垒。此外，非洲各国政府和区域机构应承诺采取那些促进平等获得资金、商业服务和市场机会以及平等享有获得教育、卫生保健和生产资源的权利的举措，并为此作更多投入。减少占主导地位企业反竞争行为的国家和区域竞争政策在制定时，应更加注重性别问题，支持妇女的经济和金融赋权。只有女企业家和相关协会密切合作，或让她们更多地参与这一过程，才能有效设计并实施这类政策和举措，并产生切实影响。

（七）加大力度改善贸易和金融数据

报告强调，对非洲而言，拥有高质量的数据仍然是评估和确定有益贸易和金融政策的关键。为国家统计局配备人力和财政资源以及提供技术支持，对于促进数据收集工作和确保提供服务贸易和关键指标（如全球价值链、服务贸易限制性指数以及金融服务中技术的创新使用等）的分类数据至关重要。因此，非洲各国政府和合作伙伴应设计和执行有针对性的能力建设和技术援助方案，以发展知识高度密集型服务的具体技能。这些方案可以包括公私合作研发、创新中心、推广服务和行业研究所。非洲各国政府、区域组织和相关机构还应通过立法，规范个人和公司处理和分享金融数据和金融服务数据的权限。其中可以包括一个执行机制，授予非洲联盟或非洲大陆自由贸易区（秘书处）监督职能，用来确保所有管辖区贸易和金融服务数据提供和处理的一致性。

四、 结论

过去 20 年中，尽管做出了努力，但只有不到一半的非洲国家实现了出口多样化。面对结构性挑战,各国政府必须从战略上制定针对性激励措施,促进有利于结构改革的多样化。服务部门可以有力推动非洲的经济多样化、增长和结构转型。然而,这需要调整政策,在服务部门和其他经济部门,特别是制造业之间建立互补性。非洲大陆自由贸易区的实施或有助于推动各国努力将这些服务业和产业挂钩,并有助于优先考虑与对某一国家具有战略意义的价值链相关的服务部门。非洲中小企业在服务部门有尚未利用的机会。然而,这些企业需要大力创新,并充分利用服务部门的网络,增加获取市场信息和其他发展情况信息的机会。为中小企业解决信贷限制,并便利它们获得可负担的融资,对于这些企业的发展、竞争力的提升和使之成为增长和多样化的潜在动力非常重要。尽管金融技术和其他替代融资模式(包括股权融资、风险资本、信用保险和点对点借贷)在帮助弥补非洲中小企业资金缺口方面具有巨大潜力,但法律、监管、运作和透明度方面的诸多挑战可能会阻碍非洲公司(包括出口型公司)和贸易惯例使用这些技术和模式。此外,为有效实施出口多样化举措,需要制定协调一致的金融部门(包括金融技术)政策和基于规则的治理框架。因此,要提高非洲出口的复杂性和多样性,就需要采取双管齐下的办法,即一方面着眼于提高制造业部门服务利用率的激励措施,扩大开发潜在新产品的创业活动,并惠及结构改革;同时优化机会,深化融入区域和全球价值链,并促进有利的商业和金融服务。

非洲国家的土地与发展问题

制约或挑战？ 非洲土地制度与基础设施发展^①

黄正骊

摘　要： 撒哈拉沙漠以南非洲基础设施发展的一大掣肘是其复杂的土地制度，这涉及复杂的历史原因。土地管理和基础设施发展之间的关系十分紧密，而在非洲土地私有化的过程被政治寻租裹挟，造成基础设施发展更大的不确定性。中国机构正在深入参与非洲城镇化的实践，非洲城镇发展中多样、复杂的土地管理制度意味着创新极为必要，而在实践中引入成功的管理模式和发展经验可能是创新的第一步。

关键词： 非洲；土地制度；基础设施；中国

作者简介： 黄正骊，同济大学城乡规划学博士后

世界银行的数据显示，从 2000 年到 2020 年，撒哈拉以南非洲的城市人口从 2 亿增加到了 4.7 亿。城市人口的激增带来对基础设施和公共服务的大量需求，然而撒南非洲在基础设施方面的发展与这种飞速的城市化是不相称的。世界银行 2018 年的报告显示，撒南非洲国家在通讯网络设施方面的发展十分迅猛，而在"硬基础设施"如道路密度和铁路网密度方面，在 21 世纪 10 年代与 20 世纪 90 年代相比不增反降。

硬性基础设施发展有赖于政府对国家发展空间规划的控制，而撒南非洲硬基础设施发展的一大掣肘是其复杂的土地制度。尽管大部分国家政府都采用了"公用征收权"（Eminent Domain）作为政府征收土地建设公共基础设施的法律依据，在实施中却面临多样的挑战。在非洲城镇发展中不乏这样的现象：与国家

---

①　本文曾刊载于《中国投资》2022 年第 5 期。

投资的大型工业园毗邻的是个体农民的小型田地,田地中夹杂着大量用于出租的农宅,而不远处就是工业园延伸出去的断头路,上面并排行驶着卡车与驴车。非洲城市中的空间规划问题、土地管理问题可见一斑。

撒南非洲这种土地管理乱象有其独特的历史原因。现代土地制度在19世纪末由殖民者带到非洲,而此前主要实行的是"惯例法"(Customary law)和"伊斯兰法"(Shari'a Law)。"惯例法"实际上是一种社群内部和不同社群之间约定俗成的对土地使用权的规定和约束,它在一般情况下实现游牧民族和小农社群之间在土地使用上达到季节性的平衡,保证农业的基本生产。伊斯兰社区更加强调土地和财产的所有权,但仍将土地的使用权视为所有权的主要内容。殖民带来了西方的土地"私有化"的概念,但殖民过程中的所有权分配是极不平等的,它以牺牲本地社群的土地使用权为代价,在一些地区建立了新的所有权制度。非洲国家独立以来的半个多世纪,各国都在尝试建立新的土地所有权制度,但是复杂的历史导致了一种土地制度的"杂糅"。比如肯尼亚2010年新宪法规定土地所有权分为三类,公有(Public,政府所有)、集体所有(Community)和私有(Private)。但是在公有土地中,不同的政府部门之间所有权范围可能存在争议,比如在社会住房项目中,交通部和住房建设部在用地归属权的问题上存在未达成一致的情况。集体所有的土地也存在争议,在"大裂谷"地带往往存在几个游牧社群分时共同使用土地的情况,但就哪个社群真正"拥有"土地仍有存在争议的情况,这反映了"惯例法"与现代土地所有权制度之间的不适应性。

土地管理和基础设施发展之间的关系十分紧密,而在非洲土地私有化的过程中被政治寻租裹挟,造成基础设施发展更大的不确定性。比如征地拆迁过程中可能产生寻租的过程。在一些地区,官员利用信息不对称提前低价收取土地,然后转卖给政府,造成投资成本的大量增加以及不良的社会影响,本应用于增加通达性的公共服务设施变成了增加社会不平等的工具。在许多地方,土地利益的再分配往往与政治事件比如选举相联系,因此土地更多地被看成是一个政治资源。以埃塞俄比亚为例,2014年政府公布了首都亚的斯亚贝巴新一轮的空间规划,将首都通过几条交通走廊与其周边的奥罗米亚地区进一步连接起来。而这一发展规划被奥罗米亚州视为首都政府政治范围的扩张,由此引发了反对游行,并发展成暴动和社会动荡,甚至导致了国家政权的更替。这一案例显示出空间规划在非洲国家推行的巨大张力,其功能空间的拓展被解读为政治利益的外溢,土地权利的矛盾被激化出来,而基础设施的发展也受到巨大阻碍。

　　复杂的土地管理现状无疑会大幅增加基础设施发展的经济和社会成本，而这正是中国基础设施建设企业在深耕非洲市场中日常面对的挑战。企业面对复杂的土地问题是否束手无策？以连通性基础设施的建设为例，一般来说，政府在确定了道路或铁路项目的规划设计和施工方案之后开始土地征收的过程。由于土地征收需要由土地管理部门经过测绘、调研、与个体或集体所有者逐一协商达成一致后，才能真正开始拆迁。而对于工程承包企业而言，漫长的等待意味着设备、劳动力的限制，不确定的拆迁过程造成管理成本高企。但是在肯尼亚等地，承包大型基础设施如高速公路、铁路的中国企业在长期的实践中摸索出一套"提早进场"策略，不仅为企业自身管理节约了成本，还帮助政府提高了征地工作的效率。中国企业在签订承包合同后加入政府调研测绘工作，了解征地进度，在当地法律框架下利用自身的专业优势，向当地民众传播基础设施建设的知识，协助土地部门尽快完成征地协商过程。在获得征地拆迁意向后，企业积极动员拆迁户，在原有的拆迁补偿基础上以"租赁使用"的方式与业主达成一致，获得尽早入场权，以此加强施工管理流程，实现效率提升。这一实践被称为"提早进场"策略，它有赖于企业的施工经验、谈判能力和组织能力，但在实践中帮助企业节约了管理成本、提高了效率并巩固了信任机制。在谈判的过程中，企业得以采集到土地使用者或拥有者对土地的生产使用需求，并在一些情况下将这种需求转化为企业的社会责任项目，它符合企业适应新市场发展的需求，对于推进基础设施建设也作出了积极贡献。

　　在非洲城市中发展基础设施的另一个挑战，在于如何将基础设施的投入转化为经济社会发展的效益，即增加公共部门在基础设施投入的动力，实现基础设施投资的良性循环。在城镇尺度下连通性基础设施实现效益增长的一个重要方式是公共部门的土地增值回收（Land Value Capture），但大部分非洲城市政府尚未具有实现土地增值回收的机制，这与本地土地权利的杂糅性相关。在"惯例法"和"伊斯兰法"的土地管理框架中，土地主要被视为生产资料，土地的私有权和商业价值被弱化。在土地现代化——包含私有化和"公有化"的过程中，土地所有权的确权并未实施彻底，因此其商业价值也难以界定。比如在大部分土地私有化的非洲国家，对私有土地和财产的征税机制不健全，因此在非洲城市中比如约翰内斯堡、内罗毕、哈拉雷的一些商业地区和设施较为完备的"富人聚居区"，近年都可以见到局部私有土地的增值，但城市公共部门未能从这一轮增值中获利，也就缺乏发展基础设施的动力。

连通性基础设施为城市社会经济发展提供动力的另一种模式是交通导向发展(Transit Oriented Development，TOD)。亚洲轨道交通管理的成功经验表明，城市轨道交通创造出的人流、物流"节点"可以带来巨大的商业潜力，通过建立城市轨道交通节点管理制度和引入公私合作的管理部门，将交通站点周边的土地和物业统一规划、协同管理，引入商业和地产开发模块，可以快速地实现物业增值，创造商业和就业机会。在埃塞俄比亚首都亚的斯亚贝巴的轻轨建设中，承建商将深圳轨道交通管理部门引入埃塞俄比亚，试图摸索建立这种交通导向的发展模式，就是一次有力的尝试。在亚的斯亚贝巴东部的CCD站点商圈，中国投资者也首创地引入了小区开发的模型，轨道交通节点带来的辐射效应不仅实现了物业的增值，也带来"商住一体化"发展的巨大潜力。在这一模式的影响下，亚的斯亚贝巴政府也开始尝试扩大外资的引入，以其"老火车站"(La Gare)为中心，引入外资开展大型综合体开发项目，这一项目表明交通设施周边存在巨大商业潜力。

交通走廊类的基础设施建设需要大量公共资源的投入，而其效益不仅体现在运输产业的增值，只有将产品与市场真正连接起来，交通走廊类基础设施才能实现其效益最大化。杂糅的土地所有权体系和土地管理体系给基础设施的发展带来巨大挑战，而尚未建立起来的土地经济意味着巨大的潜力。联合国17个可持续发展目标中有5个特别提到了与土地有关的问题，随着气候变化和土地人口压力，非洲大陆土地管理体系创新的重要性日益提高。

我国机构正在长期、深入地参与非洲城镇化的实践，并在实践中不断实现创新。非洲城镇发展中多样、复杂的土地管理制度意味着创新极为必要，而在实践中引入成功的管理模式和发展经验可能是创新的第一步。

肯尼亚国家公园：人与动物的土地之争①

齐腾飞

摘　要:在经济落后、土地资源日益短缺的肯尼亚,国家公园建设加剧了人与动物的矛盾。人与动物的争地矛盾只是浮现于外的现象,本质却是社会结构因素导致的矛盾发酵。国家公园建设如果只考虑动物,考虑动物带来的旅游收入,那只会沦为举着保护动物大旗的资本狂欢。

关键词:肯尼亚;国家公园;土地;动物;人

作者简介:齐腾飞,深圳大学社会学系助理教授

以观赏动物大迁徙为代表的肯尼亚旅游业是肯尼亚的支柱产业,其营业额占国内生产总值的8.8%。为了支持旅游业,肯尼亚开辟出诸多野生动植物保护区。截至目前,野生动植物保护区占肯尼亚领土面积的8%,包含各种类型的生态景观,有森林、湿地、稀树草原、海洋,还有干旱和半干旱地区。具体而言,肯尼亚共有23个陆地国家公园、28个陆地国家保留区、4个海洋国家公园、6个海洋国家保留区、4个国家庇护所,还有一百多个前哨站。

国家公园建设需要从土著手中征地,建成之后,动植物资源必须完全被保护,除了旅游和研究外,人类活动受到严格限制。由于肯尼亚属于热带草原气候,干湿两季对水草丰沛程度影响很大,每到干季,动物会突破国家公园迁徙寻找水草,不可避免地与人类活动发生碰撞。

---

① 本文曾刊载于《中国投资》2022年第5期。

一、 动物入侵，可以获得赔偿吗？

马赛马拉国家公园 1500 平方公里土地列入国家保护，但是整个马赛马拉生态系统为 6000 平方公里，这意味着野生动物的活动范围不仅仅局限在国家公园内部。马赛人在国家公园外围利用土地，既放牧又种植作物，为了保护财产，他们将农业活动土地围了起来。然而"不识趣"的大象却时不时冲破篱笆，瞬间摧毁一个农场；贪婪的狮子和鬣狗闯入拖走山羊。野生动物入侵给马赛村落带来了困扰，为了保护庄稼和房屋，浸染毒药的弓箭和长矛成了对付野生动物的武器。马赛村民为什么不起诉野生生物保护局要求赔偿，而选择向野生动物泄愤呢？

这是源于野生生物保护局对赔偿责任的漠视。2018 年前，野生生物保护局一直声称，野生动物入侵农田是"上帝行为"，即便赔偿，也应该是国家公园的拥有者——肯尼亚政府负责，而不是作为管理者的野生生物保护局。2018 年，最高法院否定了野生生物保护局的两大"甩锅"理由。最高法院认为，法律上的"上帝行为"必须符合以下全部要素：必须有一个"自然"因果关系的方面、事件或行为应是无法预见的事件或行为、"自然"必须是排他性或唯一原因、被告无法通过合理的谨慎或远见来避免这种影响。

野生动物迁徙时间、路线是可以预测的，并不符合法律上的上帝行为，即使宗教人士笃信所有的行为都是上帝行为，有关当局也应该有所准备避免迁徙造成的损失。国家公园的所有权属于肯尼亚政府，但是控制权则属于野生生物保护局。最高法院称，"在规则意义上，动物的拥有者一般为动物的控制人，或者是对动物有控制责任的人。当然，可推定，合法的拥有者正在控制或者有责任控制；如果拥有者事实上没有控制，他就不用为动物的行为负责"。根据肯尼亚《野生动物保护法》(The Wildlife Act)，野生生物保护局是野生动物的管理者，应该对野生动物造成的损害承担赔偿责任。肯尼亚是判例法国家，这就意味着之前发生的动物入侵事件从未得到过法律赔偿。而今法院审判开了赔偿先例，即须"遵循先例"，可获取赔偿的举证技术对马赛人而言存在难度。如牧民控诉狮子逃出咬死了九十多只山羊，却没有相应数量的山羊尸体为证，即便凑齐山羊尸体，又难以证明是被狮子咬死。证明狮子咬死山羊，从而获取赔偿只有一种可能，那便是拍到狮子咬死山羊的现场画面，并能数清山羊的数量。这需要监控设备和充足的电力，毫无疑问，取证成本是马赛村民不可承受之重。

二、 国家公园建设与社会结构异化

　　既然土著居民很难从动物入侵事件中获取赔偿，那么国家公园建设能为土著带来哪些回报呢？

　　国家公园模式肇始于 1872 年美国创办的黄石国家公园，之后越来越受环境保护主义者欢迎，成为动植物保护的模板。国家公园的基本做法为国家最高主管当局主导，圈定较大区域，驱逐并安置土著居民，从而保护自然景观和野生动植物资源。但是国家公园模式创立之初很少顾及公园开发对土著居民的影响，直到 1969 年印度新德里召开第十届世界自然保护联盟才开始呼吁：国家公园应该在整个区域内尽可能地消除剥削。与美国印第安人的遭遇相似，马赛马拉国家公园建设期间，马赛人也遭受了驱逐。1961 年，肯尼亚尚处于英国殖民时期，殖民政府以国家之名无偿从马赛人手中夺走了土地和野生动植物资源。而今，除了马赛马拉国家公园，安博塞利国家公园和内罗毕国家公园都位于马赛人历史上占有的土地之上。

　　在经济全球化的背景下，世界各地的旅客前来国家公园消费观光，等于另一种方式的财富再分配。尽管马赛人为国家自然资源保护和自然旅游观光承担了巨大成本，却很难从土地及其孳生物（野生动植物资源）带来的收益中分一杯羹。马赛马拉国家公园是肯尼亚最负盛名的国家公园，旅游业兴盛，然而马赛马拉边缘的旅馆、野营地和其他休闲中心没有一家隶属于马赛人，基本上是欧美人的产业。近年来，东亚商人和肯尼亚统治民族基库尤人也陆续涌入，拓展旅游生意。相比之下，土生土长的马赛人反而更像客人，虽然没有被排斥在全球化体系之外，也颇为依附、边缘。基于民族风情是观光旅游闪光点的考虑，身着束卡，手持木棍的马赛男人充当导游、护卫和侍者；妇女则摆摊售卖起了木雕、手环和动物皂石雕。经济全球化冲击下的马赛马拉，按照族群从事行业的不同形成了各具特色、等级明确的社会结构。来自外部世界的休闲行业经营者宛如过上了殖民时代"英国老爷"的日子，而土著居民身居下端，被视作旅游风景观光的对象。有的国际游客甚至不将马赛人"当人看"，认为在马赛马拉，如果马赛人被大象踩死、狮子咬死，那是一种表演，是大自然维持生态平衡的一种手段。

　　而今，随着人类活动加剧，野生动物数量锐减。根据野生生物保护局统计，马赛马拉丧失了70%的野生动物。面对生物多样性的丧失和旅游观光行业的危机,政府又将目光转移到国家公园外围,推行自然保护区计划。自然保护区计划旨在使土地所有者、野生动物和旅游业之间实现良性循环,一方面让马赛人出让土地保障野生动物迁徙,另一方面让旅游经营者支付租金,使当地社区受益。毋庸置疑的是,自然保护区计划改善了野生动物的迁徙环境,但也激起了马赛人和旅游经营者在收益方面的矛盾。

马赛人仿佛形成了一个共识,即保护区产生的经济利益远远超出土地租赁费。一个名为纳因吉萨(Naingisa)的马赛人签了租赁合同,将170英亩土地让渡,然而每个月只能收到20000先令租金(200美金)。看到旅游经营者生活优渥,而马赛人却在贫困线上苦苦挣扎,纳因吉萨后悔不迭,甚至假想当初种植玉米和小麦能够获得更高的收益。面对收益剪刀差,很多像纳因吉萨一样的马赛人向旅游经营者提出提高租金要求,可是这不仅得不到法律的保护,还要遭受本地和欧美环保主义者对其贪婪的指责。或许在这些环保主义者看来,确保狮子妈妈喂饱自己的小狮子对维护生物多样性至关重要;而马赛妈妈能不能喂饱自己的孩子却只是人类保护组织的责任。

三、 结　语

国家公园建设,一者有保护生物多样性和保护生态环境的诉求,二者有保障国家财政收入的需要,三者有规避动物袭击造成农作物损害、牲畜损失和人员伤亡的考量。但在经济落后、土地资源日益短缺的肯尼亚,国家公园建设无疑加剧了人与动物的矛盾。人与动物的争地矛盾只是浮现于外的现象,本质却是社会结构因素导致的矛盾发酵。环境保护对人类命运共同体存续而言如何强调都不为过,然而,环境保护不是单纯的保护动植物资源,而是早已形成的社会等级结构和南北区域发展不平衡格局对这一行动的持续冲击。身为土著的马赛牧民,在国家公园建设中,与生产资料分离,在生产过程中依附,于收益分配中边缘,成为环境保护的附庸。可见,国家公园建设如果只考虑动物,考虑动物带来的旅游收入,那只会沦为举着保护动物大旗的资本狂欢。

加纳城市中的"土地警卫"①

冯理达　布赖特·恩克鲁玛

摘　要:由于历史原因,加纳土地制度较为复杂。20 世纪 90 年代以来,土地日趋商品化,围绕土地产权和流转产生的司法案件或暴力冲突呈上升趋势。国家权力在土地管理中的缺位为私人通过建立暴力组织来确保土地占有安全提供了空间,由此出现了"土地警卫"。土地警卫实质是私人组织通过打破国家对暴力的垄断,来执行强制性权力。土地警卫兼具保护性和破坏性,在加纳土地问题日益复杂的形势下,其存在虽为非法,但短期内尚难完全消除。

关键词:加纳;城市;"土地警卫"

作者简介:冯理达,清华大学社科学院国关系/国际与地区研究院博士研究生;布赖特·恩克鲁玛(Bright Nkrumah),加纳大学语言学系讲师

加纳因稳定的政局和相对友善的营商环境,成为西非地区较受欢迎的国际投资目的地,但基于一些历史原因,加纳土地占有制度方面安全性一直饱受诟病,尤其是 20 世纪 90 年代以来,土地日趋商品化,围绕土地产权和流转产生的司法案件或暴力冲突有上升的趋势。而国家权力在土地管理中的缺位,为私人通过建立暴力组织来确保土地占有安全提供了空间:近几十年来,在加纳大城市,尤其是首都阿克拉出现的"土地警卫"(land guard),便是这一问题的直接反映。

一、"土地警卫"的缘起

在加纳,传统土地制度一直以来占据主导地位,土地被视为祖先的财产,不

---

① 本文曾刊载于《中国投资》2022 年第 5 期。

能被出售,不存在私人产权,社区中的酋长、土地祭司等传统权威作为委托人保管土地,并在和其他社区成员商议一致的情况下分配土地,社区成员有土地使用权。这种土地占有制度在加纳南北有形式上的差异,例如在北部地区,土地被称为"皮地"(skin land),归土地牧师(tindambas)所有,由酋长负责代表社区进行管理;南方地区被称为"凳子土地"(stool land),其中所有权也有差异:在阿散蒂地区(Ashanti Region),土地归阿散蒂王(Asantehene)所有,阿散蒂王任命分区酋长(divisional chief)管理土地;而在大阿克拉地区(Great Accra Region),土地由家庭、宗族等所有,任何授予都必须得到其所在团体成员的同意。

加纳的习惯和法定土地保有制度中存在着不同的土地权益,其所涵盖的内容复杂,但最重要的一点是,土地使用权的租赁、赠与与继承是最主要的土地转让形式,土地所有权本身并不能够被私人占有。这一点也被加纳1992年颁布的宪法所承认。如今,加纳约有80%的土地属于传统土地。

但在漫长的历史中,商品经济关系的渗透给传统土地制度带来了深刻的影响,尤其是在城市郊区,伴随着城市化的快速发展,外来移民对土地的需求日益旺盛,原有的基于传统的土地使用和分配方式让位于金钱交易,作为土地托管者的传统权威将集体土地当作私人物品出售,由此产生了家庭、社区和个人之间在土地所有权问题上的冲突。这些冲突主要表现在两方面:

第一,土地多重出售问题,即一块土地被同时出售给不同的买家。这种现象占土地冲突或司法案件中的绝大多数。一般情况下,土地的边界往往依靠自然标记物,例如河流、树木等划分,缺乏可靠的书面证明或测绘数据,因此在土地交易中,土地范围一般由酋长自己口头界定,作为非社区成员的土地购买者无法掌握准确的土地信息。这导致了酋长在出售另一块土地时,会将已出售的土地中的某一部分或全部包含在内,造成土地多重出售的事实。另一种情况是,当土地购买者长期闲置已购地时,可能也会使酋长默认土地购买者已经放弃土地的使用权,转而将土地出售给另一位购买者。此外,还有一种情况是,作为土地出售者的所有权人之间发生的冲突。即不同的社区、酋长或土地所有者都宣称对同一块土地享有权利。当土地被一位声称享有土地所有权的人出售后,另一位声称享有土地所有权的人会出面表示土地交易无效,或转而将土地出售给另一位买家。土地多重出售是加纳土地管理中的顽疾,导致了土地购买者之间、土地购买者同土地出售者之间的矛盾。

第二,酋长私自出售公共土地问题。从传统上讲,酋长只是替社区成员、子孙后代托管土地的人,无权将土地作为私有物出售,但实际上,酋长出售土地的现象屡见不鲜,其直接后果便是,本应分得土地、享有土地使用权的社区成员面临着无地可用的局面,最终使整个社区无法从土地之中获得足够的收益。这种类型的冲突会导致社区内普通成员同酋长之间的矛盾。

这些冲突的实质是土地产权的模糊与土地占有的高风险。加纳政府也采取了一些措施确保土地获取的安全性,比如土地注册制度,土地所有人可以通过土地委员会,对自己占有的土地进行测绘、登记,形成书面文件,以确保在产生纠纷时能够有所凭据。但土地注册费用价格高,周期长,一般来说,对于那些工业或企业用地,这些成本往往可以担负,但对那些寻求在城市中生活的外来移民,却难以承担。更为重要的是,即使购买的土地已经被注册,也可能被一些有权势的"大人物"强行征用。而加纳司法系统,因冗长的法律程序、高昂的诉讼费用和泛滥的私人庇护网络,无法对大多数普通人的私有财产形成有效的保护。

土地警卫的存在填补了国家权力的空缺,其实质是私人组织通过打破国家对暴力的垄断,来执行强制性权力。伴随着城市化的快速扩张,土地价格的飙升,土地警卫的需求越来越旺盛。加纳广泛存在的失业问题,也给了那些闲散的年轻人获得收入的机会。

二、"土地警卫"的类别与活动

根据笔者的调查,在加纳的阿克拉、库马西、海岸角等城市,都存在土地警卫,但由于土地价格和稀缺程度的差异,土地警卫在阿克拉尤其是地价上涨最快而相对市中心地带却又更低廉的郊区最多,此外在一些地价较高的矿区也有土地警卫的存在。

土地警卫有不同的组织方式,一般来说,可以划分为四个种类。

第一类是社区土地警卫。顾名思义,这一类土地警卫出生、成长在社区内,对社区有一定的责任感,且对酋长出售公共土地抱有敌意。当公共土地被滥售,且自身未来使用土地的权利被损害时,他们便会组织起来,以阻止土地被出售或开发。这一类土地警卫不收取报酬,且具有临时性,一旦事态结束,便会解散。

第二类是业余土地警卫。这一类土地警卫虽然也在自己生长的社区内活动,但他们组织起来的原因更多是基于金钱而非责任感。当土地被外来人员收购或开发时,他们便会索要"开工费"(digging fee),如果不支付则会招致报复或对土地上设施的破坏。

第三类是同酋长等传统权威合作的土地警卫。这一类土地警卫可以不属于社区成员,他们保护、陪同酋长在土地出售时划分土地范围,并要求土地购买者支付"开工费"。

第四类是职业土地警卫。这一类土地警卫不属于任何一个特定的社区,他们以土地警卫为职业,向出价高的人提供土地和相关财产的保护服务。他们以凶狠好斗著称,往往要价很高。

以上对土地警卫的四种划分只是提供一个基本的分类框架,在实际中四种类型的土地警卫往往是相互重合的。笔者在对阿克拉北部 A 地区的调研中,曾遇到第二种与第四种混合形式的土地警卫。他们一方面属于社区成员,向购买本社区土地的人索要"开工费",但同时也向他们提供土地保护服务,且在其他社区内也有"业务"。在同他们的访谈中,笔者得知,雇用他们的人一次性支付给他们的费用可以高达 20 万赛地(约 3 万美元),且为他们配备了价值 1000 美元的摩托车以及 iPhone 手机等交通和通讯设备,要求他们在土地上进行常规巡视,并预先把那些潜在的麻烦"处理掉"。从他们身上的刀疤也可以看出,他们日常工作的危险性质。

通过以上的介绍,我们能够看出,在很大程度上土地警卫的工作一方面是保护性的,即收取费用,保护私人能够安全占有土地;另一方面也是破坏性的,即通过敲诈勒索,获得非法收入,稍不如意便对私人财产进行破坏。因此,土地警卫的"黑社会组织"性质,也往往会招致普通民众的恐惧和反感。

三、 加纳政府对土地警卫的态度

土地警卫破坏了民众占有私有财产的安全性,威胁到了通过合法手段获得土地的人以及普通民众对土地的日常使用,使民众私有财产的安全性被明码标价,成为"价高者得"的商品。更重要的是,土地警卫的活动也会招致反击,在一些地区,甚至会出现土地警卫同其他武装保护土地的人员相互殴斗的情况。例如在距离阿克拉不远的卡索阿镇,2021 年 5 月发生的一起大规模群体性冲突事件,便缘起于 5 名青年在同土地警卫的争斗中被射杀。土地警卫对民众的生命财产安全以及国家权威构成了挑战,也正基于此,近年来,加纳政府开始重视土地警卫问题。

2020 年,加纳政府颁布了新《土地法》,该法案规定,担任土地警卫的人至少应判处 5 年监禁,最高可判处 15 年监禁。对此,加纳土地委员会官员解释,任何人作为土地警卫从事任何活动都是非法的,同时,招募或雇用土地警卫从事任何非法活动,以防止某人进入他或她的土地,也是一种犯罪活动,同样会被判处监禁。在高压态势下,2020 年至今,越来越多的新闻报道了从事土地警卫的人被逮捕并判刑的实例。

虽然组织、参与土地警卫被定性为非法,但笔者在对阿克拉一些地区的走访中,发现土地警卫仍然广泛存在,在一些土地交易中也少不了支付给土地警卫"开工费"或类似的"保护费"。一些司法系统人员对土地警卫采取了"睁一只眼闭一只眼"的态度,甚至还同土地警卫结成了某种庇护关系,助长了土地警卫的存续。在笔者的访谈中,一位土地警卫表示,附近的警局官员是自己的"老朋友",也有一些警察是自己的亲戚。平时土地警卫也会给他们一些好处费,来维持这种私人关系。更有甚者,据土地警卫称,一些政府高级官员,也是他们的"老板",会雇用他们来为自己看护土地。

土地警卫"消而不灭",固然有腐败或私人关系的因素。但从根本上看,源头在于需求端。正如前文指出的那样,商品化对传统土地制度的"异化",使民众对土地的获取,远非基于传统的血缘或义务关系,而是基于个人财富和权力网络,所谓"传统土地",只不过为私人通过权力获得和使用土地披上了一层温情的面纱。而 20 世纪 90 年代以来,加纳政治的"权力下放"和经济上的"自由化",更是使国家缺席了土地管理和对私人财产的保护,为私人暴力组织的存在提供了市场。

四、 结语

加纳较为宽容的营商环境,为国际投资提供了条件,但加纳政治、司法制度和土地立法方面的漏洞,使私人暴力组织得以存在。因此在对加纳的投资中,应注意土地问题,避免同"土地警卫"等私人暴力组织发生纠纷,尤其是那些资本相对较少、人际关系薄弱的私人小规模投资者,更应注意此类问题。投资土地时,应及时查验土地注册文件,避免贪图便宜,从酋长手中购买未经注册或来路不明的土地。

津巴布韦土地改革继续向深入推进①

高明秀

摘　要:津巴布韦继承了殖民时期以种族为基础的严重不平等的二元土地占有制。为改变此种局面,津巴布韦进行了土地重新安置和"快车道"土地改革,完成了以改变土地所有权为目标的大规模土地改革,但由于仍有大量黑人农户尚未获得土地、仍有大量土地还处于闲置状态且农业发展仍然欠佳,津巴布韦仍需在土地问题上继续努力。在此背景下,中国与津巴布韦的农业合作既有机遇,也可能会面临挑战。

关键词:津巴布韦;土地改革;农业;农业合作

作者简介:高明秀,社会科学文献出版社国别区域分社总编辑

土地不仅是非洲国家最为重要的经济资源,而且是维系非洲人传统宗教、社会乃至政治生活的重要纽带。非洲国家独立后,普遍面临土地占有不均及由此引发的一系列政治、经济与社会问题,为了解决这些问题,不少国家都进行了不同程度的土地改革,其中津巴布韦最为典型,其所导致的结果与产生的影响也最为引人深思。从当前来看,津巴布韦以解决少数白人与黑人大众之间土地占有严重不均为目标的大规模土地改革已经结束,但以实现"耕者有其田"、扩大耕种面积、提高粮食产量和确保粮食安全为目标的土地改革仍在继续向深入推进。

一、 独立后的土地改革进程

津巴布韦在 1980 年独立时,继承了殖民时期以种族为基础的严重不平等的

---

① 本文曾刊载于《中国投资》2022 年第 5 期。

二元土地占有制,其中约 6000 名大型白人商业农场主占有 1550 万公顷的土地,而 70 万户村社地区的农民只占有 1640 万公顷的土地。为了改变这种土地占有格局,新上台的津巴布韦非洲民族联盟——爱国阵线(简称津民盟)政府在独立当年便开始了土地改革进程,并先后经历了 1980 年至 2000 年的土地重新安置进程和 2000 年至 2010 年的"快车道"土地改革。

土地重新安置伊始,津民盟政府设定了雄心勃勃的目标,在 1985 年之前将 16.2 万户黑人家庭重新安置在 900 万公顷土地上。然而,津民盟政府显然低估了土地重新安置进程的困难性与复杂性。根据《兰开斯特大厦协议》所确立的"愿买愿卖"原则,白人农场主加以抵制,经济结构调整计划等因素致使津巴布韦政府在人力和物力等方面存在不足,再加上英国和美国等没有兑现为津巴布韦土地改革提供援助的承诺等因素,到 1998 年,津民盟政府仅在约 350 万公顷的土地上重新安置了 7.1 万户家庭,远没有达到最初设定的目标。

随着时间的推移,津巴布韦广大黑人民众对土地的渴望愈加强烈,对土地与财富占有不均的不满也日益严重。在此情况之下,津民盟政府在 2000 年开启了非洲国家土地改革史上最为激进的"快车道"土地改革进程。"快车道"土地改革与土地重新安置最大的不同,是通过无偿征收的方式获取白人农场以分配给黑人农户,津民盟政府宣称此举是为了实现社会公平,推动经济发展,废除以种族为基础的土地不平等占有格局,以及增加土地利用率和提高农业产量。

"快车道"土地改革彻底解决了津巴布韦自殖民时期以来不平等的二元土地占有问题,到 2010 年,津巴布韦已经只剩下不到 200 个白人农场,占地约 10 万公顷。与之相比,在"快车道"土地改革中分给黑人农户的小型农场约为 17 万个,总面积约 927 万公顷,如果加上此前重新安置的农场,则津巴布韦在独立后共将 1300 多万公顷土地进行了重新分配。津民盟政府将"快车道"土地改革称为第三次民族解放运动,从解决不平等的土地占有并实现黑人农民经济赋权的角度来说,这种说法完全站得住脚。

二、 继续深入推进土地改革

"快车道"土地改革标志着津巴布韦以改变土地所有权为目标的大规模土地改革已经结束,但津巴布韦的土地改革进程却并未因此而最终完成。之所以这么说,有以下三个方面的原因。

第一,仍有大量黑人农户尚未获得土地。到 2010 年时,虽然已有近 17 万个农户在"快车道"土地改革中获得了土地,但仍然还有 10 万多人在排队等地,且此后仍不断有人在提出申请,要想实现"耕者有其田"还有很长的路要走。

第二,仍有大量土地还处于闲置状态。根据萨姆·莫约等学者的调查,已经有约 50％在"快车道"土地改革中获得农场的农户耕种了 40％以上的土地,他们的耕种率远高于此前白人农场主 15％—34％的耕种率。但尽管如此,津巴布韦当前仍有 50％以上的土地处于闲置状态。

第三,农业发展仍然欠佳。"快车道"土地改革由于方式过于激进且缺乏规划,导致津巴布韦农业生产严重衰退,农作物产量在 2000—2008 年间大幅下降,2009 年之后虽有所好转,但直到目前仍未恢复到 2000 年之前的水平,农业发展欠佳和粮食短缺问题成为困扰津巴布韦经济发展与国家治理的难题。

在此情况之下,津民盟政府明确表示将继续深入推进土地改革,以真正实现"耕者有其田"、扩大耕种面积、提高粮食产量和确保粮食安全。为此,津民盟政府主要采取了以下措施。

第一,出台农业发展相关政策文件。为此,津民盟政府先后出台《农业部门 2011—2015 年中期计划》和《津巴布韦 2013—2017 年农业投资计划》等政策文件,并在 2006 年出台的《国家经济发展优先计划》、2013 年出台的《津巴布韦社会经济可持续转型议程》和 2020 年出台的《第一阶段国家发展战略(2020 年 1 月—2025 年 12 月)》中,将农业作为国民经济的基础,力求通过增加农业投入、规范农产品市场和推广农业生产技术等方式,逐步恢复农业生产和大幅提高农业生产率,从而摆脱粮食短缺的困境。

第二,进行土地确权,延长土地租约。在"快车道"土地改革中获得土地的农户大多没有获得政府颁发的定居许可证或分地函,在法律层面仍属于"非法占地者"。为了确保他们的土地权益,同时鼓励他们对土地持续投入,津民盟政府加快土地确权的步伐,且在向农户颁发定居许可证或分地函的同时,给予他们长达 99 年的租约,并允许他们凭此进行土地转让和获取抵押贷款。

第三,推出"一人一农场"政策。津巴布韦当前不但有大量土地闲置或未被充分利用,而且还有不少人获取了多个农场或所获得的农场面积超出了政府规定的农场面积,如根据规定,A1 农场即小型农场耕地面积最多为 10 公顷,但有些却超过了 100 公顷。为了让更多希望从事农业生产的人获得土地,尽可能实现"耕者有其田",姆南加古瓦政府在 2017 年 11 月上台后推出"一人一农场"政策,承诺审查并从拥有多家农场、农场面积超标、土地闲置或利用不充分的人手中收回土地,以分配给向政府提交土地申请的人。

第四,向前白人农场主伸出橄榄枝。姆南加古瓦政府上台后,尽管已多次宣布"快车道"土地改革已不可逆转,津巴布韦人不会再让外国人来控制他们的土地,但其还是向前白人农场主伸出了橄榄枝,希望利用他们的经验和技术来推动农业发展,尤其是提高农业生产率和增加粮食产量。为此,姆南加古瓦政府一方面允许他们重新申请土地并给予他们 99 年土地租约,另一方面则承诺对他们进行补偿。2020 年 7 月 29 日,姆南加古瓦政府与白人商业农场主协会签署《全面补偿契约》,承诺将通过筹资方式向他们补偿 35 亿美元。

三、 中津农业合作的机遇与挑战

中国与津巴布韦已建立全面战略合作伙伴关系,双方在贸易、投资和基础建设等领域进行了广泛而深入的合作。中国与津巴布韦在农业领域也有着良好的合作机遇:其一,津巴布韦农业资源丰富,农业发展基础相对较好,无论是烟草和棉花等经济作物,还是玉米和小麦等粮食作物,甚至园艺和畜牧等均有着广阔的投资空间和丰厚的利润空间;其二,津巴布韦政府鼓励外来农业投资,且在税收等政策方面出台了一系列优惠措施,如购置农业机械设备或农用建材可获得 25% 的特殊补贴,进口农用设备免增值税,进口农机只需缴纳 5% 的关税等;其三,津巴布韦粮食短缺问题严重,农产品深加工能力匮乏,农业投资在当地拥有巨大的市场前景;最后,中津农业合作已经有了良好的基础,中国农业技术专家和援津农业技术示范中心长期致力于在津推广农业技术,天泽烟草有限责任公司为津巴布韦烟草种植业恢复与发展作出了重要贡献,安徽省农垦集团有限公司则为在津开展粮食作物种植积累了丰富的经验。

但是,中津农业合作也面临着一系列严峻的挑战。第一,"快车道"土地改革导致津巴布韦农业基础设施,尤其是灌溉设施遭到严重破坏,可灌溉土地还不到全国可耕地的 5%,对气候和降雨依赖过大,一旦发生旱灾,则农作物将大幅减产。第二,现代农业通常为大规模机械化种植,但"快车道"土地改革之后,津巴布韦土地大多以小农场的形式掌握在不同的农户手中,要想获取大面积的土地进行集约化生产,必须要规避土地产权方面的风险。第三,津巴布韦虽有大量土地处于闲置状态,但由于闲置时间过长,有些甚至已经闲置 10 年以上,上面已经满是树木、灌木和蚁丘,如果进行复垦,每公顷至少需要追加 500 美元的投资,如果再修建道路和灌溉设施,则很难在短期内收回投资。第四,津巴布韦近年来金融体系一直缺乏稳定性,当前主要流通货币为美元和津巴布韦元,二者汇率通过外汇拍卖系统定价,但汇率波动幅度较大,由于对津投资和向国内汇回利润只能以美元进行,一旦津巴布韦元大幅贬值,则投资将会遭受重大损失。

非洲国家土地与农业事务中的若干二元性问题①

刘伟才

摘 要：土地是非洲国家最重要的资源，农业是大部分非洲国家的依赖产业。由于历史原因，非洲国家土地与农业事务中长期存在传统土地制度与现代土地制度并存、生计农业与现代化商品农业并存、发展经济作物与保障粮食安全难以平衡、吸引外国投资与保障农民利益难以两全等二元性矛盾。随着独立后特别是 20 世纪 90 年代以来内外形势的发展，这些问题又进一步凸显。对此，非洲国家政府一直在探索改革和采取措施，取得了一定成效，但困难仍然很多。

关键词：非洲国家；土地；农业；二元性问题
作者简介：刘伟才，华东师范大学历史学系副教授

土地是非洲国家最重要的资源，农业是大部分非洲国家一半乃至四分之三以上人口的依赖产业。由于殖民统治等方面的历史原因，非洲国家土地与农业事务中长期存在若干二元性矛盾；随着独立后特别是 20 世纪 90 年代以来内外形势的发展，这些问题又进一步凸显。

第一个二元性问题是传统土地制度与现代土地制度的并存。殖民统治建立后，当局在引入宗主国土地制度的同时保留了习惯法框架下的传统土地制度，前者强调有法可依、权属明晰、有据可查、可以流通的土地占有和使用，后者则基于不成文法，在强调"共同拥有、均可使用、不可转让"的同时却无法免除个人性支配，从而导致所有权不明、使用权混乱等问题。

从理论上来说，传统土地制度强调不存在土地私有，但会有酋长或头人掌管

---

① 本文曾刊载于《中国投资》2022 年第 5 期。

分配处置,社区里的每一名成员都有就土地问题提出意见和建议的权利。但就现实而言,传统土地制度中实际存在的权属不清会带来很多问题,它会导致一些传统领导人任意予夺或与私人资本合谋从而损害社区利益,会导致一些公用土地、牧场、林地、由移民和边缘化人群占有使用的土地被政府或者权势阶层以其为"无主土地"或"荒地"的理由拿走,会导致使用者开发投入积极性和外部投资者投资意愿的降低。此外,传统土地制度中也始终存在土地占有不平等、排斥部分人利益、土地浪费或超负荷使用等问题。

第二个二元性问题是大量农民从事的较落后生计农业与少数外资或外侨掌控的较先进的现代化商品农业的并存。生计农业以维持家庭生计为基本目标,规模小,资金、技术、设备、肥料等投入水平低,往往依靠增加土地面积和劳动力数量来实现扩大生产,它不仅效率低,还易产生土地浪费和环境破坏等问题。现代化商品农业则具有规模大、技术先进、集约程度高等特点,不仅生产效率高、农产品质量好,还有加工能力和销售渠道等方面的优势。

生计农业与现代化商品农业二元并存的局面在东南非国家特别是曾经历过种族主义统治的国家中有最鲜明的表现。以南非和津巴布韦为例,大量黑人长期在数量不足、质量欠佳的土地上从事以维持生计为主要目标的农业生产,除了在政策支持、资金、技术、市场等方面的弱势外,一些经营较好的非洲农民还可能受到限制和打压;反观少量白人,他们掌控的商品农业长期在大规模粮食生产、高质量非粮食作物生产和出口以及农产品保存、加工、运输和贸易等方面占据明显优势,还能得到国家的政策倾斜、市场保护以及技术和信贷等方面的支持。白人种族主义统治结束后,黑人统治当局力图扭转黑人在土地和农业发展方面的不利地位,但相关成效仍未完全显现。

第三个二元性问题是发展经济作物与保障粮食安全难以平衡。长期以来,一些非洲国家的政府把注意力放在发展经济作物生产上,甚而不惜以缩减粮食作物种植土地和投入为代价。在一些领导人看来,粮食生产对财政收入贡献不明显,如要长足发展往往需要政府大力投入,而发展经济作物生产可以出口赚取外汇,直接增加财政收入;另一方面,粮食不足可通过进口解决,而经济作物收入也可为此提供支持。但是,非洲国家常常不得不面对的现实是,粮食进口和经济作物出口都易受国际市场需求和价格的影响,将粮食安全系于他国是危险的,认为可以用经济作物收入来支持粮食进口也一再被证明是想当然。

非洲国家独立后发展探索的一个重要失误就是在忽视粮食生产的情况下又

不能很好地保证经济作物收入,这直接导致 20 世纪 70 年代后多个国家的粮食危机。尽管之后非洲国家纷纷表示要重视粮食生产,但仍有一些非洲国家的领导人易在经济作物生产有利可图逻辑的推动下和经济作物产品在特定时间内行市良好的诱惑下忽视粮食生产,重蹈粮食危机的覆辙。

值得一提的是,人口增长的因素还常常被淡化。20 世纪 70 年代开始的经济危机中,一个重要表现是 20 世纪 70 年代的年平均人口增长率高于年平均粮食生产增长率;1990 年至 2015 年的减贫进程中,一个重要的结果也是贫困人口相对比例下降了,但绝对人数却在增加。

第四个二元性问题是吸引外国投资与保障农民利益难以两全。20 世纪 90 年代以来,非洲土地和农业领域向国际资本的开放度逐渐提高,2007—2008 年金融危机后更是一度出现国际资本在非洲竞取土地的浪潮。一些非洲国家的政府认为,有必要通过改变土地利用和农业生产模式来吸引外资,以此提升农业生产水平,尤其是要通过大规模商业化种植来促进农产品出口和农产品加工业发展,从而增加政府收入。但是,改变土地利用和农业生产模式往往涉及征收土地、重新安置农民、改变农村传统生产生活习惯等具体问题,这些都会触及农民利益。

在推进相关政策或项目时,有时会出现外国私人资本与本国权势阶层的合谋,相关非洲国家政府往往会强调征用某块土地是为了国家发展和人民利益,会强调其对提升农业生产水平和农民创收能力的积极作用,一些外国私人资本则会强调通过土地销售和出租、劳工雇用、推行新作物种植等途径推动相应国家经济发展,并宣传相关项目遵循"环境友好"与"回馈社区"之类的原则,相应的强制手段、政策倾斜和投入优先由此获得合理性。但是,研究者对相关国家如尼日利亚、利比里亚、塞拉利昂、乌干达、斯威士兰、津巴布韦等国的个案调查研究表明,一些通过合法强制手段征得的土地只是服务了少数人的私利,对商业化种植的重视和投入并不一定能带来农业生产水平和农民创收能力的提升,而国际农商企业主导的农业生产全球化和市场化模式所带来的很可能是农民的自主性降低和生计不稳定。

值得一提的是,在非农领域如城市化、基础设施建设、矿业发展、经济特区建设乃至国家公园建设等方面的一些引资也会影响农民利益,因为它们都会涉及土地。与此相关的问题近年来日益凸显,值得关注。

面对相关问题,非洲国家政府一直在探索改革和采取措施,包括寻求将传统土地制度现代化、对土地进行重新分配等,还有不断宣扬的提升土地利用效率和农业生产水平、支持粮食生产、维护农民利益等方面的措施。一些改革和措施取得了一定成效,但困难仍然很多。

首先,改革本身并不容易,还往往会遭遇阻力。比如将传统土地制度现代化,仅丈量、划界、登记就不知要花多少时间和资金,还要考虑传统力量的不配合。在一些国家如加纳、赞比亚,传统力量势大,左右政府的能力突出,某些领导人不得不出于保障自身地位和政治稳定的考虑而选择妥协,有时甚而偏离改革方向,使传统力量控制土地的体系更加强固,最终导致相关改革难上加难。

其次,改革结果有时会脱离预期。比如重新分配土地,它理应惠及最广大群众,但实际情况却可能是少数人获利,大部分民众仍陷于无地少地的困境;它不应以损害农业生产为代价,但事实是,一些非洲国家如津巴布韦的土地在从一个群体转到另一个群体手中后,随之而来的就是农业生产的严重下滑。

再次,以现有大部分非洲国家的条件而言,相关改革和措施在具体执行过程中往往难免不周全、扭曲、偏差和反复,一些国家强调通过刺激性措施吸引外资,但对环境保护、弱势群体利益维护、寻租等问题却缺乏政策设计或者无法有效执行政策,还有一些国家则出现政府一边要吸引外资一边又为了短期政治利益而向传统力量或农民妥协的局面,两面摇摆,两面不讨好,最终不但影响了投资者积极性和投资有效性,还导致农业生产受损、粮食安全受威胁和农民生计受破坏等问题。

非洲国家土地与农业发展的问题的复杂性既有历史原因,也在随现实的变化而变化,还要考虑各国具体情况的不同。对于外部的关注者和投资者来说,除了要认识土地与农业发展本身的复杂性外,还要考虑非洲国家相关改革和措施中包含和衍生的不确定性,不可轻忽。

非洲大陆自由贸易区研究

非洲的服务贸易自由化与非洲大陆自由贸易区框架下的一体化①

联合国非洲经济委员会　编撰　姜媛媛　刘小浠　译

摘　要:本文为联合国非洲经济委员会《非洲区域一体化评估报告之十:非洲的服务贸易自由化与非洲大陆自由贸易区框架下的一体化》概述的编译。报告分析了最有可能支持非洲新冠肺炎疫情后复苏及其全面发展的方法类型:加强非洲内部金融、运输、通讯、旅游、商业等领域的服务贸易、更好和更有效地融入区域和全球价值链、加强公共和私营部门能力、在日益数字化的全球经济中提高竞争力。对此,非洲大陆自由贸易区建设应有所重视。

关键词:非洲;一体化;服务贸易;自由化;非洲大陆自由贸易区

译者简介:姜媛媛,上海师范大学非洲研究中心研究生;刘小浠,上海师范大学非洲研究中心研究生

服务业在世界各国经济运行和整体发展中发挥着越来越重要的作用。近年来,服务业对各国贸易、投资、就业、减贫和国内生产总值的贡献已经超过农业和制造业等传统部门。服务业提供了使传统经济部门以外的生产多样化的机会。一个强大而高效的服务业是制造业竞争力的关键先导,也是促进跨境商业和贸易便利化的重要因素。低成本、高质量的服务为各国提供了整合和参与地方、区域和全球价值链的机会,并增强了它们实现结构转型和其他发展成果的前景。

近年来,服务业在非洲的重要性大大增加,在非洲大陆的经济活动和产出中

---

① 本文为联合国非洲经济委员会《非洲区域一体化评估报告之十:非洲的服务贸易自由化与非洲大陆自由贸易区框架下的一体化》概述的编译。报告英文全文:UNECA, *Assessing Regional Integration in Africa X:Africa's Services Trade Liberation & Integration under the AfCFTA*, UNECA, 2021, https://repository.uneca.org/handle/10855/46739。

占了很大比例。例如,2018—2019 年,在 54 个非洲国家中,服务业是 25 个国家经济增长的主要动力,占实际经济增长的 50％以上。平均而言,在撒哈拉以南非洲,服务业贡献了约 58％的国内生产总值,而在中东和北非,这一比例约为46％。服务也被发现在许多非洲国家贸易的最终商品和产品价格中占据了大部分的比例,在诸如玫瑰和苔麸(teff)等埃塞俄比亚出口产品的最终产品价格中达到 60％—80％。

尽管非洲服务业的重要性日益增加,但它们继续面临挑战。除其他外,政府和私营部门对服务贸易潜力的认识水平都很低,部分原因是缺乏信息和数据以及基础设施差、政策不支持、机构薄弱和监管框架不适当。要释放服务贸易的潜力,必须在非洲各级决策进程中理解和支持其潜力。

多年来,非洲国家签署了许多旨在实现服务贸易自由化的政策文件和框架。在全球层面,有《服务贸易总协定》(GATS, General Agreement on Trade in Services)和可持续发展目标中与服务相关的具体目标。在大陆层面,有《促进非洲内部贸易框架》(Framework to Boost Intra-African Trade)及其实施计划以及《单一非洲航空运输机制》(Single African Air Transport Mechanism)等具体部门合作文书。在区域层面,各区域经济共同体的成员签署了建立区域自由贸易区的条约和议定书,其中载有开放服务贸易的规定。截至 2017 年,非洲国家缔结了超过 165 项的双边投资协定。

然而,非洲大陆未能将这些框架巩固为一个可行的全大陆制度,也未能优化该部门自由化的好处,例如对国内生产总值的贡献更大、更好地融入价值链以及更广泛的多样化和工业化。非洲政策格局的持续碎片化是非洲在全球服务贸易中竞争力弱的一个主要原因。例如,非洲服务提供者在出口服务方面继续面临障碍:很少非洲国家能够如期实现服务承诺,服务净出口国则更少。因此,非洲服务出口仅占全球服务贸易的 2％。

非洲大陆自由贸易区协定的签署和实施为非洲服务业的自由化和一体化提供了一个名副其实的平台。关于服务贸易的议定书是该协定的三个议定书的其中之一。鉴于该领域的复杂性,非洲联盟在 2018 年 7 月峰会上批准了第一轮谈判的五个优先领域:运输、通信、金融服务、旅游和商业服务。非洲联盟成员国目前正在为每个成员国准备具体的提议。与此同时,关于服务贸易自由化对非洲影响的初步调查研究突出了其巨大的潜力。据估计,服务贸易自由化的好处可能与非洲大陆自由贸易区协定规定的货物自由化的好处相当甚至超过。因此,服务贸易自由化以及各利益相关方对待它的方式显然是一个重要的政策问题。要想采取正确的办法,就必须在各国获得现有最有效的服务投入的需要与从本国服务增长中获益的迫切需要之间取得平衡。

《非洲一体化评估报告之十》(Assessing Regional Integration in Africa X)(下称"报告")分析了最有可能支持非洲新冠肺炎疫情后复苏及其全面发展的方法类型:加强非洲内部服务贸易、更好和更有效地融入区域和全球价值链、加强公共和私营部门能力、在日益数字化的全球经济中提高竞争力。

报告列出了关键的发现:第一,尽管非洲大陆自由贸易区不会自动地保证贸易,但它确实产生了激励,使贸易更有吸引力;它还建立了协调规则和程序并使之合理化的架构,为私营部门参与跨境商业和投资带来更多的确定性和可预测性。

第二,服务贸易限制仍是非洲国家服务贸易的主要制约因素,也是对投资的阻碍。因此,各国应采取和实施促进服务贸易和增长的服务贸易自由化政策,通过调整贸易法规、减少壁垒和促进非洲自由贸易协定设想的非歧视性措施。

第三,非洲国家建立或加入区域和全球价值链的努力非常无效,这体现在它们无法保证不间断地提供设备、药品甚至疫苗以抗击新冠肺炎疫情。造成这一结果的原因包括:缺乏熟练的人力资本、缺乏有竞争力的物流和电信、缺乏具有成本效益的运输基础设施、缺乏有利的商业环境以及保护知识产权的框架较弱等等。因此,报告提出了一个有说服力的路径,即采取和部署国家和区域公共政策,致力于发展价值链,使非洲大陆能够从依赖自然资源和商品向服务业等具有增值和促进增长功效的部门过渡。

第四,《服务贸易议定书》(Protocol on Trade in Services)是一个重要的谈判平台,具有在全球价值链和复杂生产关系变得重要的背景下,确保非洲国家和区域经济共同体之间加强监管合作的潜力。更具体地说,就五个优先部门及以上的服务自由化进行谈判,对于消除阻碍服务贸易的规章、体制和政策障碍和限制,实现非洲国家和区域之间服务贸易的全部潜力至关重要。

第五,在新冠肺炎疫情期间,数字贸易和电子商务的使用越来越多,这表明数字技术在全球贸易体系以及非洲国家参与区域和全球价值链中的重要性日益增强。实施《服务贸易议定书》将有助于减轻新冠肺炎疫情带来的影响,并在后疫情时代创造有利于增长复苏的服务贸易环境。

非洲大陆自由贸易区服务贸易谈判应确保监管框架的协调、同步和合作,特别是在非洲国家元首确定的优先部门。

《非洲一体化评估报告之十》的主题为:非洲的服务贸易自由化与非洲大陆自由贸易区框架下的一体化。

一

报告第一章追踪了非洲国家、非洲联盟承认的八个区域经济共同体和非洲大陆在区域一体化方面的进展和趋势。在以往报告所述成就的基础上,本章着重关注如下问题:贸易一体化和社会一体化、生产一体化、宏观经济一体化、服务贸易自由化、人员自由流动、基础设施和能源以及治理、和平和安全。

区域贸易协定是协助非洲国家在全球市场上建立其比较优势、提高其议价能力和提高产业效率以获得更大竞争力的关键。2018 年 3 月,44 位非洲国家元首和政府首脑签署了《建立非洲大陆自由贸易区的协定》,这是非洲一体化历史上最显著的成就之一。迄今为止,55 个非洲国家中有 54 个签署了该协定(厄立特里亚除外)。协定要求非洲国家放开占关税细目 97% 的商品的关税。如果成功实施,它将为 13 亿消费者(预计到 2030 年增至 17 亿)创造一个非洲商品和服务单一市场,国内生产总值将超过 3 万亿美元。该协定有可能为非洲大陆开启一个前所未有的增长和发展时代。

正如本章的分析所显示的,非洲目前在全球经济竞争中排名接近垫底,主要是由于其经济碎片化。由于新冠肺炎疫情的直接后果,2020 年产出增长率从 2019 年的 4.2% 和 2018 年的 5.4% 下降至－3.4%。即便如此,在不确定性增加、中国、美国和其他国家之间的贸易和关税战升级之际,非洲经济体表现出了对全球波动的巨大韧性。即使英国脱欧,欧盟仍是非洲的主要贸易伙伴。根据非洲区域一体化指数报告,非洲的生产一体化得分仅为 0.201 分(满分为 1 分),有 33 个国家的得分低于这一平均水平。生产并没有均匀地分布在整个非洲大陆,各国也没有从它们的比较优势中获益。对于非洲国家而言,服务和服务贸易在供应链、区域价值链和全球价值链中的作用至关重要。

宏观经济趋同对于各区域经济共同体追求货币联盟至关重要。一些中东欧国家已经实现了更高的目标,特别是年通胀率降至 3% 或以下,预算赤字与国内生产总值之比降至 3% 或以下,公共债务与国内生产总值之比降至 60% 或以下。目前,非洲联盟承认的八个区域经济共同体中有五个有宏观经济趋同标准,它们是:东非共同体(EAC,East African Community)、西非国家经济共同体(ECO-WAS,Economic Community of West African States)、中非国家经济共同体(ECCAS,Economic Community of Central African States)、南部非洲发展共同体(SADC,Southern African Development Community)和东南非共同市场(COMESA,Common Market for Eastern and Southern Africa)。其中三个区域经济共同体(中非国家经济共同体、西非国家经济共同体和南部非洲共同体)内部存在较小规模的货币联盟,分别是:中非经济和货币共同体(Central African Economic and Monetary Community)、西非经济和货币联盟(West African Economic and Monetary Union)和共同货币区(Common Monetary Area)。即便如此,一些区域经济共同体在实现自己的目标时仍面临诸多挑战。

良好的基础设施是发展的基石,有助于经济增长、减贫和实现联合国可持续发展目标。它是增加区域贸易的根本催化剂,通过提供非洲国家之间的联系,降低了做生意的成本。基础设施在实现"2063 年议程"中发挥着关键作用,这是非洲转变为未来全球强有力行为体的蓝图。但非洲大陆仍然面临着巨大的基础设施缺口,这威胁着社会和广泛经济目标的实现。非洲开发银行估计,非洲每年的基础设施需求为 1300—1700 亿美元,而融资缺口在 680—1080 亿美元之间。

卫生保健一体化对于改善非洲人民的健康和福祉至关重要,这也是实现"2063 年议程"的愿景 1 和目标 1 的关键。卫生保健一体化正在大陆、区域和国家各个层面实施,但这些举措的同步和协调情况因区域而异。在应对新冠肺炎疫情时就出现了这种情况。目前正在通过非洲联盟委员会努力改善非洲的卫生系统,非洲疾病控制和预防中心(Africa Centres for Disease Control and Prevention)发挥了值得赞扬的领导作用,并与主要伙伴和利益攸关方建立了伙伴关系,以支持防控的斗争。在非洲疾控中心的领导下,非洲大陆开发了非洲在线医疗供应平台,为非洲提供与新冠肺炎相关的关键医疗设备。

非洲的治理、和平与安全形势依然喜忧参半,一些国家和地区进步,一些国家和地区停滞不前,还有一些国家和地区倒退,这给非洲自贸区带来了严重影响。非洲联盟委员会与各区域经济共同体与联合国和其他利益攸关方一道,正努力优先考虑并加强治理体系,促进非洲大陆的和平与安全。例如,2019 年,非洲联盟将"到 2020 年实现非洲枪声静止"(Silencing the guns in Africa by the year 2020)作为其年度主题,希望通过创造条件,促进"2063 年议程"所设想的无冲突、一体化和繁荣的非洲。

非洲大陆继续通过"2063年议程"等倡议促进人员自由流动。人口的自由流动是非洲领导人在若干政策框架中列出的优先事项,包括非洲大陆和区域流动政策和行动。然而,在许多非洲国家,人员的自由流动仍然是一个挑战。

服务业对经济发展和结构转型的作用越来越大。2019年,服务业产值占全球国内生产总值增加值的65%,占非洲国内生产总值增加值的49%,仍有持续增长空间。该部门在非洲大陆自由贸易区中也将至关重要。然而,服务贸易自由化仍然是许多非洲国家面临的挑战。

报告第一章最后肯定了区域经济共同体在执行区域一体化议程方面取得的值得赞扬的进展。但是,一体化项目的所有主要合作伙伴和利益攸关方都需要进一步的集体努力。本章的其他关键信息包括:

非洲大陆自由贸易区具有增加就业机会、创造更多收入和促进经济增长的潜力,预计它将使数百万人摆脱贫困。

区域经济共同体与外部世界的贸易继续多于它们之间的贸易,欧盟占据了非洲进出口的最大份额,尽管欧盟的领先贸易地位可能会随着英国脱欧的到来而改变。

服务部门在非洲大陆的经济发展和结构转型中发挥着越来越重要的作用,它既能补充制造业,提供物流和融资等必要服务,又能在旅游、交通、医疗和教育领域提供就业机会。

正如《非洲大陆自由贸易区协定》和区域移徙政策框架等若干政策框架所概述的那样,促进非洲大陆内人员的自由流动仍然是非洲领导人的一项关键优先事项。

在治理、和平与安全和发展之间密切联系的背景下,非洲大陆的治理、和平与安全现实和动态继续影响着次区域和区域两级的一体化。鉴于非洲基础设施缺口巨大,基础设施建设和融资是非洲一体化和发展的关键。2018年对基础设施的承诺达到1008亿美元,比2017年报告的承诺增加24%。

非洲航空业直接和间接地为非洲620多万人提供支持,包括在旅游业和其他部门。仅旅游业就占到非洲国内生产总值的8.5%,在一些发展中小岛国,这一比例高达38%。但新冠肺炎疫情对此造成了严重的冲击。

二

报告第二章从概念上概述了非洲服务贸易和服务贸易政策的主要特征和特

点。报告强调了以下主要发现：在 54 个非洲国家中，有 30 个国家的服务业是经济增长的重要推动力；在 45 个国家中，有 30 个国家的服务业在产出中所占份额有所增加，而制造业所占份额却有所下降。

服务部门一直是一个重要的就业机会来源，占总就业机会的 32.4%，但该部门的非正式性突出，这仍然是整个非洲经济体就业增长的结构性障碍。

非洲的服务贸易有一个重要的性别层面的特征：妇女不能像男子一样享有获得各种服务工作和职业的同等机会。

尽管非洲服务业的增长速度高于世界平均水平，但在增值的全球服务贸易中，非洲大陆仍处于边缘地位。尽管非洲国家的服务出口正在增加，但非洲大陆在服务进出口方面的作用却微不足道。

各区域经济共同体在实现区域服务贸易自由化方面取得了不大但持续和渐进的进展，符合促进货物、人员、资本和服务自由流动的泛非目标。

非洲大陆服务贸易作为非洲联盟实现"2063 年议程"、非洲经济共同体和非洲大陆自由贸易区目标的更广泛议程的一部分，取得了重要进展。《服务贸易议定书》是服务贸易的重要愿景和进一步谈判的战略框架。

本章的主要信息如下：新冠肺炎疫情的社会和经济影响将破坏在发展服务贸易方面所设想的进展。作为疫情的直接后果，2020 年国内生产总值增长收缩至−3.4%。执行《服务贸易议定书》对于减轻疫情的影响和在疫情后创造有利于增长的服务贸易复苏环境至关重要。基于该议定书的谈判必须考虑到数字化和以出口设计、软件和工程等商品为代表的模式 5 类别的服务贸易。

在优先部门和其他领域开放服务的谈判应消除规章、制度和政策上的障碍和限制，以释放非洲国家和地区之间的机会。

可供参考的建议如下：

在全球价值链和复杂生产关系变得极为重要的背景下，《服务贸易议定书》作为一个重要的谈判平台，应发挥加强非洲国家和区域经济共同体的规范合作的作用。

应认识到服务贸易在非洲的增长和日益增加的重要性，解决服务贸易中的非正式问题，促进服务贸易中的性别平等和社会公平，因为服务业占非洲国家国内生产总值和就业的很大一部分，是非洲大陆结构转型的主要动力。

在新冠肺炎疫情期间，数字贸易和电子商务的使用越来越多，这表明有必要促进非洲的知识密集型产业机会，因此应利用这一趋势，加强非洲国家参与区域和全球价值链。要做到这一点,就需要在国家、区域和大陆层面建立战略联系,发展和扩大数字经济活动。

三

报告第三章以"服务贸易限制对发展的影响:自由化和一体化的案例"为题,这为报告的主题部分提供了框架。本章将严格的文献综述、实证分析和案例研究方法进行结合,通过分析服务贸易在有效生产货物以及其他一些服务方面的作用,深入探讨了将服务贸易限制与经济成果直接和间接联系起来的证据。本章还指出了服务业对加入区域价值链和全球价值链以及升级并融入其中的贡献,也强调了数字化在服务和发展之间的关系中的作用和地位。

服务业贡献了非洲约一半的国内生产总值,提供了约三分之一的正式就业,对可持续和包容性的经济发展至关重要。它在许多方面为社会部门作出了贡献——最重要的是通过医疗保健和教育部门。虽然保健和教育传统上由公共提供为主,但最近的事态发展表明私营部门参与的范围,特别是在公私伙伴关系框架内参与积极。服务部门对经济发展的最大贡献是通过作为其他经济活动组成部分的服务间接表现出来的。

由于服务业就业和利益攸关方群体的组成和结构,服务业对实现可持续发展目标,特别是包容性发展同样重要。数字化使中小微企业和弱势群体有能力进入和参与服务贸易。

服务业在非洲经济发展中的巨大潜力还有待充分发挥。通过增加与第一部门、第二部门和贸易的联系来加强服务业,可以支持任何国家的全面发展战略。服务贸易是提高发展中国家参与国际贸易的新领域。需要关注其在全球服务贸易中所占份额较小的因素,以实现服务贸易与货物贸易之间潜在的互补性。同样,高效的服务部门将促进非洲大陆的结构转型,因为服务促进区域价值链的创建和融入全球价值链。要让该部门发挥作用,就必须评估服务贸易的壁垒。

监管对于服务和服务贸易的最佳表现至关重要,通过纠正信息不对称和市场失灵,确保服务市场正常运行。法规通常针对具体问题,比如确保金融稳定和保护客户储蓄不受金融机构过度冒险的影响的金融部门法规、确保有足够多的电信供应商的电信法规、防止过度使用自然资源造成环境恶化的旅游法规等等。

但监管可能会变得繁琐和有负担,并阻碍社会经济发展。这些往往是意想不到的影响,可能需要补充性政策,例如促进服务驱动的数字化的技术政策。同样,基础设施政策也是交通服务的核心。

为了使服务贸易自由化的好处得到最佳发挥,需要有针对性的条例,其中包括各种参数,例如比较优势、国家的发展目标和愿望、其他经济部门的发展水平,更重要的是,服务分部门的性质和特点。简单地说,没有处处皆可适用的政策。

本章分析所获得的关键信息如下:服务业能提高下游经济活动的绩效,因此对促进增长和减少贫困的战略至关重要。

2016 年服务贸易限制指数与服务出口呈负相关。它们尤其阻碍了金融服务出口和运输服务出口。这一影响在 2016 年的交通服务领域尤为明显,在 2008 年的金融服务领域更为突出。

2016 年,公司的服务进口总量也受到了负面影响。它们在 2008 年抑制了金融服务进口,但在 2016 年没有。2016 年它们对通信服务进口的影响为负,而 2008 年的负面影响大于正面影响。它们在 2016 年和 2008 年都拖累了运输服务进口,2016 年的影响更大。

在综合和分类一级,区域经济指标对服务出口和进口的影响很小。2016 年服务贸易限制指数在各区域经济共同体的影响高于 2008 年。

服务贸易限制指数对经济增长的影响为负,表明服务贸易限制抑制了经济增长。

数字化绕过服务贸易限制,促进增长。服务贸易是非洲国家增长的催化剂。

由此可以得出一些政策方面的参照。第一,由于服务贸易限制在很大程度上抑制了非洲国家之间的服务贸易,这些国家必须放松服务贸易政策。服务业自由化需要调整贸易规则,降低壁垒,并在非洲大陆自由贸易区中促进非歧视性措施。这些措施将有利于服务贸易,提高非洲大陆的生产力,促进金融、商业、通信和运输服务贸易。

第二,非洲大陆应利用运输服务,启动贸易政策,在各国范围内吸引大量投资进入该部门。

第三,非洲大陆需要利用数字化来快速取消服务贸易限制,以提高信息和通信技术政策的有效性,这将改善发展成果,提高生产力。大多数服务贸易活动都不是实体活动,因此最大化信息通信连接以促进跨部门服务贸易至关重要。探索这些途径,对促进非洲服务贸易和非洲整体发展具有重要意义。

第四,应协调努力,确保非洲国家充分参与到服务贸易限制指数的全球发展中来。

四

报告第四章以"非洲内部金融服务贸易"为题,介绍了非洲金融服务国际贸易的现状,探讨了促进和阻碍跨境金融服务贸易的法规。报告支持各国加强融合与合作,建立一个真正的泛非洲金融服务部门,而这有赖于非洲贸易与贸易协定内更大的市场空间以及整个非洲大陆数字贸易和金融科技的发展。

金融服务部门是任何经济体获得资金的基础,是中央银行实施货币政策、政府制定财政政策和消费者支付的平台。一个相互关联的非洲内部金融服务部门可能是非洲大陆经济发展和全面一体化的关键,它可以提高储蓄和金融包容性,并促进其他领域的国际贸易。与世界平均水平(60%)和巴西(62.3%)、印度(64.9%)和中国(54.7%)相比,非洲金融系统平均存款占国内生产总值的比例为35%,相对较低。区域一体化为金融服务普惠提供了重大益处,包括市场效率、基础设施优化利用、共同框架和标准以及改善区域流动性。金融一体化和跨境银行业务可以实现投资组合多样化并降低风险,因为创新和效率的提高源自区域金融中心。但监管条件、支付系统、信息管理和功能性金融服务基础设施是深化金融体系的先决条件,只能通过这些条件来消除脆弱性并维护金融格局的稳定性和韧性。

非洲大部分跨境银行和金融服务贸易已经国际化但没有全球化,区域化但没有一体化。这些服务仅以独立的方式运作,总体上未能将金融被排斥者纳入其中,也无法实现非洲大陆金融发展所需的流动性和金融深化。尽管对非洲自由贸易区的金融服务存在这些担忧,但一个金融多元化的大陆可以促进所期望的全大陆一体化,特别是在区域和国家具体情况非常同步的情况下。

本章分析所获得的关键信息如下:非洲的金融部门经历了一系列金融部门改革,包括金融市场发展、20世纪90年代以来的利率自由化、向公开市场业务过渡、商业银行改革、增加资本基础以确保偿付能力以及加强金融市场监管和审慎指导方针等。这些措施促进了跨境银行业务和无国界金融交易,尽管非洲的金融服务活动的发展仍然缓慢。

非洲金融服务交易监管框架的协调程度有限,尽管它们的设立是为了促进和保护国内和国际金融部门的交易。这就解释了为什么在跨境供应、海外消费、商业存在和自然人流动方面存在不同的贸易政策,包括市场准入和国民待遇方面的不同政策。

许多区域经济共同体没有统一的政策和监管框架来指导非洲内部的金融服务贸易,它们主要关注分区域贸易一体化,把金融问题留到以后解决。

许多国家的金融服务部门在银行可行性、金融体系深度和人均银行分支机构数量等指标上表现不佳。非洲内部金融服务进出口虽然相对较低,但正在改善。大多数非洲国家必须改进金融技术以简化银行业务,例如推广电子支付。

金融服务贸易受到国内法规的限制,这增加了成本,减少了参与。

减少跨境限制将大大改善金融服务贸易总量、保险服务贸易和银行服务贸易,而持续的数字创新将从根本上改变金融服务行业。

提高监管质量也可以促进数字化。因此,各国应考虑减少贸易限制,提高金融服务监管质量,以促进金融服务贸易。

增加银行服务贸易、保险服务贸易和金融发展可以促进中非、北非、东非、南部非洲和西非的经济。实现这一目标的渠道是增加储蓄和投资,通过改善获得金融服务的机会和金融中介机构的效率,最终推动经济增长。

关于管制和促进非洲内部金融服务贸易的建议包括:应通过全面审查国内法规来促进金融服务贸易,以消除增加成本和减少金融服务贸易伙伴参与的跨境限制。

监管框架应考虑大幅提高金融体系的深度,精简监管,鼓励银行在整个非洲市场追求区域有机增长,以提高效率和竞争。

应优先考虑公平、有效的市场准入和国民待遇金融服务相关法律,以允许更多泛非性银行因应非洲大陆自由贸易区形成并发展,非洲大陆自由贸易区本身也强调缔约国之间需要明确、透明、可预测和互惠的规则来管理投资、竞争政策、知识产权以及货物和服务贸易。

非洲国家和各区域经济共同体应视金融服务贸易与货物贸易同等重要,加快推进自贸区建设,尽快走向货币联盟。在货币联盟之前,可以积极修补国内法规,通过强烈的政治意愿和细致的规划和执行,获得类似的收益。

在进行国内证券交易所改革之前,应先通过跨境上市和共享信息与技术将它们整合起来,逐步实现单一的综合非洲证券市场。

非洲国家需要更好地促进金融科技(用于缓解金融服务紧张的电子渠道)的

使用,并探索与其他地区合作,以鼓励通过广泛接受的方式监管金融科技在跨境交易中的使用。

为了促进非洲经济增长,非洲国家应重新评估金融机构的许可证,对建立外国银行提出经济需求测试,在国外使用银行服务,并限制外国所有权,以便利用非洲内部金融服务贸易,促进非洲大陆自由贸易区的全面成功。

五

报告第五章关注放开和规范运输服务贸易的问题。开放交通运输服务将降低交通运输成本,促进互联互通,创造就业机会,提高交通运输业对非洲国家国内生产总值的贡献。本章介绍了非洲运输服务的状况,强调了与青年和性别有关的挑战和机会、内陆国家的情况和运输方面的新趋势。本章在非洲贸易和运输便利化的背景下讨论了新冠肺炎疫情的影响。本章阐述了运输服务自由化的理由,并探讨了在非洲大陆自由贸易区背景下在自由化方面取得的进展,强调了在《亚穆苏克罗决议》(Yamoussoukro Decision)和非洲单一航空运输市场框架下非洲航空运输市场自由化的主要经验教训。

非洲大陆自由贸易区的成功取决于建立一个高效、具有成本效益的运输服务部门,以有竞争力的价格运输货物和服务将促进非洲内部贸易的增长。2017年,全球运输贸易价值的三分之一(5290亿美元)与跨经济体的海运或空运成本直接相关。运输服务是生产商品、提供销售和售后服务的关键投入。物流服务对于区域价值链和全球价值链的发展和优化功能至关重要,这两种价值链在过去30年不断扩大。

本章的主要信息包括:非洲的运输服务部门仍然分散和昂贵。非洲大陆的公路、铁路和港口网络普遍不适应其经济发展的愿望。

在世界贸易组织的44个非洲成员国中,有17个已承诺扩大对至少一种运输方式的投资。

非洲大陆缺乏有效和负担得起的空中连接。尽管在《亚穆苏克罗决议》和非洲单一航空运输市场框架下有开放航空运输服务的坚定决心,但是非洲大陆自由贸易区的服务贸易协议不包括航空运输权和与行使航空运输权直接相关的服务。该协议适用于影响飞机修理和维护服务以及销售和推销航空运输服务的措施。

本章的相关建议如下:非洲联盟委员会、各区域经济共同体、非洲各国和其他利益攸关方应加强大陆、区域和国家层面的运输和贸易便利化的监管和体制框架,具体措施包括:加强成员国执行区域运输政策的能力;解决运输部门面临的基本问题,例如应在一定程度上鼓励运输基础设施和运营方面的竞争性市场,以及通过监管机构进行监管和许可控制的目的和规模;参与运输和过境便利化方案;加快实施走廊协定和实施过境便利文书,例如促进货物的快速处理和协调与贸易伙伴的文件。

非洲联盟委员会、各区域经济共同体、非洲各国和其他利益攸关方应协调针对不同运输方式(公路、铁路、海上和内陆水道)的大陆监管框架,并建立监督和执行大陆监管的机构。他们还应设置工具,以评估各国政府和服务提供者在执行针对不同运输方式的大陆规章方面的表现。

非洲联盟委员会和非洲大陆自由贸易区秘书处应与各区域经济共同体和其他利益攸关方合作,将所有运输方式的服务纳入非洲大陆自由贸易区,将其监管框架作为非洲大陆自由贸易区协定的附件。

非洲联盟所有成员国都应签署《非洲单一航空运输市场承诺书》,并全面落实其各项规定。

非洲联盟委员会、各区域经济共同体、非洲开发银行、非洲联盟发展机构——非洲发展新伙伴关系计划、发展合作伙伴和其他利益攸关方应通过以下方式促进非洲的物质、经济和社会一体化,支持非洲大陆自由贸易区:

加快实施非洲区域基础设施项目,特别是泛非高速公路、非洲基础设施发展规划、非洲联盟"2063年议程"合作项目。

调动公共和私人资金用于区域基础设施项目。

让私营部门参与基础设施项目的投资和运营。

解决治理问题,为基础设施投资创造有利的监管环境。

实行区域或大陆许可程序,以促进在非洲的人员、货物和车辆流动。

非洲国家应批准联合国跨境运输便利化公约,加强政府间合作。它们应该做好如下工作:在整个非洲大陆建立一致的过境机制和有效的边境管制;支持贸易和海关程序的进一步数字化,提高数据交换效率,加强非接触式通关;采取基于风险的方法,以最少的限制来恢复空中、内陆和海上的连接。

六

报告第六章涉及作为非洲大陆自由贸易协定谈判优先事项的通讯部门。本章简要地调查了该部门及其核心趋势和问题,并提出了监管框架改革战略,以便非洲大陆自由贸易区能够激发该部门,使其变得更有活力,并使其他依赖该部门的部门得以发展。通信部门可以激励非洲大陆走向数字社会和数字经济。本章强调,在全球经济数字化大背景和各国在非洲大陆自由贸易区框架内寻求一体化的形势下,互联互通和通信服务在促进经济增长和转型方面具有重要作用。本章还分析了非洲通信服务贸易、当前的监管以及可能通过非洲大陆自由贸易区改善和协调的监管。数字贸易、数字化和通信的协同联系为通过非洲大陆自由贸易区进程实现非洲更高程度的一体化和富裕提供了路径。

释放通信服务贸易以及通信对其他贸易部门的倍增效应的最重要的一个问题是,为行业和政府之间的相互关系制定或更新监管框架。这些框架主要是国家的,但也需要成员国之间的区域协调,作为实现全大陆自由贸易区的步骤。本章为整个部门和特定的分部门(如电信和广播)规定了核心原则。本章认为,监管协调尚未完全解决的领域,例如外国所有权限制(在广播行业常见,在电信行业也有)以及基于区分本国和外国来源的内容配额和限制。为了扩大非洲内部投资和贸易的空间,非洲大陆自由贸易区成员国应该承认一个额外的类别:非本国人的非洲人。

新冠肺炎疫情影响了非洲大陆所有人的生活,颠覆了商业和经济活动,非洲大陆自由贸易区协定谈判进程在此期间进行。这一紧急情况突出表明需要可靠和负担得起的通信,这是受疫情相关限制的国家的经济活动的命脉,而且疫情事实上已经导致了该部门的增长——尽管出现了整体的衰退。如果非洲大陆自由贸易区能成功地为通信服务创造一个更有活力、覆盖全大陆的市场,那么许多其他部门的贸易和经济活动将会增加,并将促进急需的减贫和社会发展。

实现非洲大陆自由贸易区协定的下一步是向参与国提出“市场准入要求”。政策制定者除了考虑本章所述的监管框架原则外,还应采取积极措施,指导各国创造符合非洲大陆自由贸易区目标的市场和监管环境,并邀请外国和非洲内部在通信服务领域的投资和贸易。这些措施包括:力争达成足够详细和彻底的监管审计,为非洲大陆自由贸易区成员国分析法律和监管改革所需程度从而达成协调一致的良好做法的框架提供基本参考。这一分析还可以考虑非洲自由贸易区国家在履行部门承诺之前的不同过渡期。在向非洲大陆自由贸易区国家官员提出商业提案之前,可以在六个月的时间内对来自非洲大陆自由贸易区国家的高级谈判代表和部门技术专家进行部门培训。

七

报告第七章关注旅游业。它在经验上建立了战略、监管和政策相关干预措施，以促进非洲大陆自由贸易区服务贸易自由化议程背景下的非洲内部旅游业。旅游业已成为整个非洲大陆的优先服务部门，具有促进非洲大陆经济多样性和韧性的潜力。它包括有形的部分，如交通系统和接待服务（住宿、餐饮、旅游和纪念品等），和无形的部分，如文化、避世、冒险、休息和放松。"2063 年议程"发展旅游业的方法具有很强的泛非洲导向，重点是在产品和市场方面基本未开发的内部潜力。该议程设想，到 2063 年，旅游业对国内生产总值的贡献将增加 5 倍。

在过去 10 年里，新的旅游目的地的增长率最高，如莱索托、圣多美和普林西比以及多哥，而平均增长率最低的目的地是南非（每年 0.9%）、埃及（1.3%）、毛里求斯（1.8%）和尼日利亚（1.9%）。

作为一个面向出口的部门，旅游业是外汇收入的一个重要来源，对一些国家的国际收支也有积极贡献。它吸引了非洲大陆总投资的 6%，为全球连锁酒店提供了巨大机遇。

作为劳动密集型产业，对旅游业的投资创造的就业机会比农业部门的类似投资高出 40% 左右，比采矿业的投资高出 50%。它有一个乘数效应，产生的间接就业是教育、通信或金融服务部门的 3.2 倍。过去 20 年，直接就业和总就业的平均增长率均为 4%。

本章的其他关键信息包括：

旅游业是非洲大陆直接、间接和增加就业的主要来源，特别是妇女就业，她们占雇员的 65% 以上。

非洲在全球旅游业中所占的份额很小（仅 1.9%），尽管潜力巨大，但预计将继续如此。非洲目前的旅游业发展速度也无法与世界其他地区相比。

非洲游客的人均消费（626 美元）低于全球平均水平（超过 1000 美元），显示出该行业在鼓励消费活动方面的不发达。非洲的旅游产品范围很窄，在整个大陆上有些同质化——主要是野境（safari）和沿海资源，尽管非洲城市被认为是潜在的增长机会。

非洲内部旅游低于全球区域旅游的标准，全球旅游的 80% 是区域性的，但非洲的区域性旅游占 48%。这可以反映人员、货物和服务的流动便利程度、旅行费用和旅游产品的性质。培育非洲内部旅游可以促进非洲内部贸易。一般来说,同一地区的两个国家之间的旅游客流量越高,贸易占比就越高。因此,投资旅游业可能是实现大陆自由贸易区目标的一个途径。

非洲拥有巨大的未开发旅游市场。过去几十年,非洲持续的经济增长和发展造就了一个不断壮大的中产阶级,他们的可支配收入不断增加。这个市场目前估计有 3 亿多非洲人,这对旅游业来说是一个巨大的机遇。

非洲国家在全球旅游价值链中的参与度较低,区域旅游价值链大多较弱。由于经济不发达的问题,非洲国家在全球旅游价值链中的参与度一直很低。因此,特别是在非洲内部贸易水平较低的情况下,区域旅游价值链也几乎不存在。

采用信息通信技术可以促进非洲内部旅游业的发展。整个非洲大陆对信息通信技术基础设施的大规模投资、互联网普及率的快速增长以及移动和智能手机拥有量的大幅上升,为旅游供应商打入新兴的非洲旅游市场提供了机会。

本章建议如下:开发适合非洲旅游市场的旅游产品。鉴于现有旅游产品的同质性,开发具有非洲大陆吸引力的产品迫在眉睫。非洲大陆有充足的自然和文化资源,可以支持调整现有办法的方向。

制定大陆旅游营销策略。随着旅游产品开发和非洲战略旅游框架的建议,应该制定针对非洲旅游市场的大陆营销战略。

解决旅游业人力资本不足的问题。普遍缺乏技能和知识是非洲旅游业面临的主要挑战,因此建设人力资本将是确保其竞争力的关键。建议采用大陆方法来确定现有的英才中心,并在必要时建立更多的英才中心。

制定旅游标准,确保整个非洲大陆的旅游产品质量。要提高非洲大陆的价格竞争力,必须强调保证物有所值。区域经济组织(如东非共同体和南部非洲共同体)在建立住宿设施分类标准方面所做的区域性努力可以扩大到大陆层面。

促进研究,为旅游业发展提供信息。在其他部门,如农业,在研究方面的可观投资已经导致了适合特定类型环境的新作物品种的开发。但非洲旅游业几乎没有从旅游业中受益,产生的创新也很少。旅游数据也很有限,因此很难确定实现该行业全部潜力所需的投资水平。为了解决数据问题,有必要建立一个大陆性的旅游卫星帐户(tourism satellite account),以衡量旅游消费对经济的贡献。

建立大陆旅游危机管理框架。旅游业已经面临全球金融危机、埃博拉疫情和新冠肺炎疫情的威胁,因此可以预见,未来还会有其他危机。

鼓励全面落实与大陆旅游有关的政策和协议。若干直接和间接与旅游业有关的大陆文书如果得到充分执行,可促进非洲内部旅游。

建立上述政策建议所需要的大陆协调机制。应优先考虑建立非洲旅游组织。在新冠肺炎疫情期间,非洲大陆缺乏明确的领导,这表明迫切需要这样一个组织。

八

报告第八章考察了非洲的商业服务部门,并对促进和限制商业服务贸易的监管框架进行了分析。本章从国家和区域经济共同体的角度,评估了选定国家的商业服务贸易限制、其对贸易构成的影响以及监管、制度和贸易政策环境对商业服务贸易和商业服务部门贸易的影响。本章的重点是如何促进商业服务贸易、非洲国家面临的挑战和服务政策框架的最佳做法,并对相关国家和企业进行了案例分析。

商业服务业的重要性和作用怎么强调都不为过。2018年,全球商业服务市场规模估计为5.7万亿美元,自2014年以来每年增长7.4%。预计未来10年的年增长率为13.6%,该行业是获得外国直接投资最多的三大行业之一,另外两个行业是房地产、软件和信息技术服务。在非洲,商业服务市场预计将以每年13.1%的速度增长。对法律、会计、工程和商业咨询等专业人员和专业知识的需求不断增长,推动了许多商业服务机构的跨境活动,约16%的企业已经从事出口业务。

本章的主要信息包括:尽管政府和政策在国家和地区层面针对该行业作出了重大努力,但监管的异质性、培训专业人员的能力有限以及不灵活的移民规则都导致了非洲商业服务业的发展不足。

由于政策方向和对部门发展的战略愿景不同,非洲国家有不同的商业服务贸易政策。这也造成区域经济共同体之间的差异,其中一些区域经济共同体没有共同的商业服务协议,而其成员国有不同的贸易政策框架。

尽管更容易获得目标受众与性别、宗教和种族相关的特定人口统计媒体内容,但商业服务中存在性别差距等不平等现象,尤其是在媒体专业人士中。

大多数非洲国家是商业服务的净进口国。加纳、莱索托、毛里求斯、摩洛哥和突尼斯是例外。非洲最大的商业服务进口国是阿尔及利亚、埃及、摩洛哥、尼日利亚和南非,而最大的商业服务出口国是阿尔及利亚、埃及、加纳、摩洛哥和南非。

在包括埃及、摩洛哥和南非在内的几乎所有非洲国家,计算机和工程服务都是商业服务进出口的一个重要部分,在这些国家,计算机服务也是商业服务出口的一个重要部分。埃及的法律服务、莱索托的会计服务和阿尔及利亚的广告服务也是重要的出口产品。

在选定的非洲国家,收入和商业服务贸易(出口和进口)之间出现了正相关关系。高收入和中等收入国家的商业服务出口和进口更加多样化。阿尔及利亚、埃及、莱索托、毛里求斯、摩洛哥和南非的出口高于平均水平,而阿尔及利亚、刚果、埃及、加纳、摩洛哥、尼日利亚和南非的进口高于平均水平。非洲许多国家的商业服务进出口相对于其发展水平较低。

一些商业服务贸易在促进发展方面比其他与发展不同等相关的贸易更为重要。随着国家收入水平的提高,法律、会计和广告贸易以及研发服务贸易似乎变得不那么重要了。但建筑、计算机和工程服务贸易与发展呈正相关。

2016 年,埃及、肯尼亚和南非降低了整体商业服务贸易限制。南非对商业服务贸易的限制在服务贸易限制指数上降低了约 14 个点,而肯尼亚和埃及分别降低了 2.4 个点和 1.5 个点,南非降低了 22%,肯尼亚降低了 3%,埃及降低了 2%。突尼斯的限制在 2016 年增加了 3.7 个点,比 2008 年高出 5%,而尼日利亚在商业服务贸易中的限制指数得分在 2016 年扩大了 24.1 个点,比 2008 年增加了 67%,成为在商业服务贸易中限制最严格的国家之一。

埃及、肯尼亚和南非在减少本国会计服务相关限制的国家中脱颖而出。在尼日利亚和突尼斯,会计服务面临更高的限制。高水平的贸易限制降低了得分较高国家的公司从事生产性服务的能力。

以服务贸易限制指数衡量的非洲贸易政策环境对整体商业服务贸易及其五个子行业(计算机、建筑、工程、营销和广告以及研发服务)具有显著的负面影响。

服务贸易限制大大减少了从事计算机、广告、工程、建筑、法律和会计以及研发服务的自然人的跨境流动。

数字化的采用对模式 1 提供的法律和会计服务(跨境贸易)和模式 4 提供的广告服务(自然人临时流动)产生了重大和积极的影响。

商业服务贸易总额、计算机服务、工程服务、法律和会计服务以及建筑服务对非洲大陆经济具有重大的积极影响。

相关政策建议如下:

　　非洲各国政府应努力消除监管的异质性，提高培训专业人员的能力，并使移民规则具有灵活性，以便在国家和区域各层面发展商业服务部门。非洲大陆自由贸易区服务贸易谈判应确保服务监管框架的协调、同步和合作，特别是在国家元首认为优先考虑的子部门。

　　尽管国家的异质性、不同的政策轨迹和战略部门发展的不同期望可能限制协调非洲监管的愿景，但加快非洲大陆一体化的需要应成为非洲各国政府的动力。它们应着手协调规则，以确保一个连贯一致的商业服务贸易政策框架。它们应在自由化和公共服务/公共产品之间谋求平衡，特别是在健康、水和卫生领域。应从新冠肺炎疫情的应对中吸取教训，这涉及有关能力、基础设施以及需要鼓励对这些关键部门的投资，特别是提供准入，同时也要认识到这些部门发挥的公共产品作用。

　　在一些非洲国家已经有大量出口的领域，例如广告、法律和会计、计算机和工程服务，应建立商业服务贸易的同行学习框架。在对发展很重要的商业服务中也应采用类似的方法，如建筑、计算机和工程服务，因为在这些服务中，贸易与发展呈正相关。广告、法律和会计以及研发贸易对非洲的发展似乎不那么重要，但应该加以分析以汲取经验教训。

　　埃及、肯尼亚和南非等一些国家已经减少了整体商业服务贸易限制。突尼斯和尼日利亚等其他国家应该了解减少限制如何促进发展。服务贸易限制指数与商业服务贸易整体和五个子行业（计算机、建筑、工程、研发、广告和营销服务）的发展以及跨境供应方式和自然人流动呈现负相关。

　　非洲各国政府应通过在吸引外国患者、以具有竞争力的价格提供高质量卫生服务、培养对该国卫生部门的直接外国投资、短期派遣卫生人员出国等领域的出口促进战略来改善它们之间的卫生服务贸易，在专业诊所为外国学生提供优质的医学教育，并有意识地投资于卫生系统基础设施，如诊所、实验室、生物技术研究、远程医疗技术和健康信息服务。非洲国家政府还应提供社会保障，尤其是为弱势群体提供社会保障，并为中产阶级创造有报酬的就业机会，以确保他们至少能够负担得起最低限度的医疗保健服务和健康的生活。

　　对于广告和媒体传播中商业服务贸易的最佳实践，应建立优质的媒体培训和扫盲框架，以在数字传播中寻求最大利益。非洲各国政府应加强对互联网服务提供商的监督，以确保基础设施和数据订阅的可负担性，从而消除互联网接入障碍。需要采用网络中立性来消除数字通信中的不平等。

九

过去几年,全世界对全球价值链的兴趣日益浓厚。一些国家和地区为融入全球价值链以提高本国经济的能力做出了巨大努力。全球价值链一体化使各经济体能够将其资产集中在具有竞争优势的活动上,而不必构建整个供应链。企业通过从不同国家购买中间产品来实现这一目标,它们为中间产品增加价值,然后再出口或销售到国内市场。

如果不实现服务贸易自由化,就无法有效升级为全球价值链。第九章为支持非洲大陆自由贸易区的成功推进,提倡这种自由化。采矿业部门一直致力于融入全球价值链,但在这一过程中面临诸多挑战。本章利用采矿业部门分析了非洲区域经济组织在价值链方面的努力,如协调其国家政策、法律和法规,制定共同标准,为投资者创造统一的商业环境。本章还讨论了有效实施非洲大陆自由贸易区的必要性,并探讨了建立可靠的服务数据库、提高政府和私营部门在谈判服务自由化、建立管理结构和管理服务方面能力等问题。

非洲大陆自由贸易区可通过具体承诺的缔约国时间表支持通信技术的部署。非洲大陆自由贸易区的成员国必须制定监管框架,以促进跨部门合作和协调,并缩小数字鸿沟。因此,需要在投资、基础设施、企业家精神、地方企业发展、劳动力发展、面向全球价值链的贸易、产业制度化和服务贸易自由化等方面制定一定的指导政策。如果这些政策在非洲自贸区的各缔约国之间协调一致,就有希望创建成功和有效的价值链。非洲国家必须在本地、区域和国际上投资加强这些能力,以促进《非洲大陆自贸协定》的实施。

本章分析所得的一些关键信息是:

尽管新的贸易协定不能保证贸易,但它增强了激励机制,使贸易更具吸引力。非洲大陆自由贸易区有可能解决困扰非洲内部贸易的许多挑战。一个成功的非洲大陆自由贸易区将带来诸如协调结构、合理的规则和程序、私营部门参与跨境商业和投资的确定性和可预测性等好处。在大多数情况下,更深层次的一体化将以稳定和经济增长的形式带来实实在在的好处。

服务贸易具有使非洲大陆所有利益攸关方受益的巨大潜力。非洲的服务业自由化应该积极推进,因为服务业为非洲大陆的经济增长提供了巨大的潜力。但非洲大陆必须从依赖维持生计和不可贸易资源转向生产具有附加值的商品,从而带来增长。这需要在确定的部门实施有效的区域价值链——这将推动非洲大陆实现更高的发展。

相关政策建议如下：

由于传统的贸易统计数据不足以解释服务在价值链中的作用，因此，无论是专门提供服务的价值链，还是将服务作为中间投入的价值链，综合使用各种技术可能有助于对其进行评估。这些技术包括定性方法、比较优势和贸易增值净额分析、投入产出分析和不同国家协调的投入产出比。

全球价值链的发展必须与服务自由化相辅相成。因此，需要实行服务贸易自由化，以促进价值链的发展，提高整个非洲大陆主要利益攸关方的能力。

流程应与技术相结合，以借鉴现有系统，建立新的市场可能性，并改变供应链和贸易地域。为了创造更具弹性和更多功能的价值链，当企业重新审视其战略以提高供应链的点到点可见性、弹性和生产力时，技术、资源、人员和解决方案的最佳组合至关重要。

非洲大陆自由贸易区协定的缔约国必须制定监管框架，不仅要促进跨部门的合作和协调，还要制定法规，解决数字鸿沟带来的问题。

非洲国家为加入全球价值链做出了多项努力，但挑战使这些价值链失效。解决这些挑战取决于致力于实现这一目标的国家和地区公共政策。它们必须支持熟练的人力资本、高质量并有竞争力的物流和电信、具有成本效益的交通基础设施、有利的营商环境和对知识产权的适当保护。区域经济共同体可以在解决限制价值链容量的金融、运输、通信、分销和能源服务基础设施瓶颈方面发挥主导作用。

非洲大陆自由贸易区应确保整个区域内政策的协调和各级治理的协调，以解决区域经济组织自由化的挑战。

一体化应使国家、区域和大陆各级的所有利益攸关者参与合作，以授权次区域或区域机构，加强国家监管机构的能力，促进协调和信息交流，并获得政府间机构和其他区域机构的支持。

非洲大陆自由贸易区、非洲联盟和区域经济共同体成员国应利用工作团队、多方利益相关者对话机制以及部际和立法合作委员会，在关键机构之间建立凝聚力。这些机构支持服务，并与国家机构分担责任，与非政府组织、国内监管机构、私营部门代表以及学术界和智库代表等地方机构进行联络和合作。这些机制和委员会应及早开始，并纳入政策执行、监测和评价的整个过程。

　　为了构建有效的全球价值链,本章提出了整合主导全球价值链实际制定的三种方法:

　　开放商品和服务贸易,促进外国直接投资(在各种多边组织的赞助下),将其作为与跨国企业联系的一种方式。

　　利用全球价值链框架来研究非洲国家中脆弱和处于不利地位的行为体,如妇女和少数群体,探讨如何确保他们进入价值链(例如,通过发展机构的促进)。

　　基于治理和升级——这是价值链理论的两个核心概念——采取全面的全球—本地方法。这需要综合考虑全球和当地因素并对包括非洲国家在内的发展中国家目前在全球价值链中的作用进行分析,以此确定使它们能够在这些链条中具备竞争力的条件。

　　方法并不是一成不变的。由于产品、服务类型、企业特征和国家特征等因素的差异,无法对全球价值链政策提出一刀切的解决方案。但需要制定支持全球价值链的指导性政策,包括:面向全球价值链的贸易政策、投资政策、当地公司发展和创业政策、员工发展政策、基础设施政策、产业政策制度化。

　　加强国家和非国家行为体,特别是那些谈判和执行服务贸易协定的行为体的能力至关重要。为此,需要通过参与战略愿景发展和变革管理,加强非洲大陆自由贸易区秘书处、非洲联盟委员会和区域经济共同体的领导能力。

　　非洲国家还需要确保以下方面:

　　投资提高公务员的能力,特别是加强财政、经济规划、贸易谈判和执行等政策机构的能力、程序和制度。

　　为服务贸易部门的能力发展设立专门预算,以实现非洲贸易和发展的长期收益。

　　制定建立社会资本和加强服务贸易网络的措施,以促进变革性领导,这涉及政治领导人、公共部门高级管理人员、民间社会组织、工会、商业协会、专业标准组织、学术和研究机构以及智库。

　　制定相关措施,通过包容性能力建设活动提高妇女和青年的技能。

充分利用非洲大陆自由贸易区

——促贸易,引投资,助力增长减贫①

罗伯托·埃昌迪、玛丽拉·马利斯玖斯卡、维克特·斯丁伯根　著
熊正坤　译

摘　要:本文为世界银行关于非洲大陆自由贸易区研究报告的概要。报告突出了通过非洲大陆自由贸易区实现紧密的经济合作以使非洲更加繁荣的承诺,报告评估了非洲大陆自由贸易区的潜在经济与社会效益,包括促进贸易、吸引外国直接投资、提高全球价值链参与度、加速经济增长、减少贫困和促进共同繁荣。报告还讨论了成功的政治经济条件以及将非洲大陆自由贸易区的相关承诺转变为现实所需的步骤。非洲大陆自由贸易区旨在通过促进非洲内部贸易,将贸易作为非洲各国增长和可持续发展的引擎,将非洲建设成为一个综合的庞大市场,这也是向非洲"2063年议程"的愿景"建设我们想要的非洲"所迈出的重要一步。

关键词:非洲大陆自由贸易区;贸易;投资;增长;减贫

作者简介:罗伯托·埃昌迪(Roberto Echandi),世界银行宏观经济、贸易与投资全球实践研究团队(Macroeconomics, Trade, and Investment Global Practice)全球贸易研究专家;玛丽拉·马利斯玖斯卡(Maryla Maliszewska),世界银行宏观经济、贸易与投资全球实践研究团队高级经济学家;维克特·斯丁伯根(Victor Steenbergen),世界银行投资环境研究小组(Investment Climate Unit)经济学家

---

① 本文为世界银行的一份关于非洲大陆自由贸易研究报告的概要。原文参见:Roberto Echandi, Maryla Maliszewska and Victor Steenbergen, *Making the Most of the African Continental Free Trade Area: Leveraging Trade and Foreign Direct Investment to Boost Growth and Reduce Poverty*, World Bank, 2020。

译者简介：熊正坤，上海师范大学非洲研究中心研究生

环顾当今世界，非洲正是一颗冉冉升起的新星。非洲大陆自由贸易区（Af-CFTA）的建立将使非洲成为一个充满现代化与工业化气息、富有凝聚力和影响力的全球舞台参与者。一个现代化的非洲将不再满足于将其矿产出口到国外市场以获得微薄利润，而是要实现自身经济的工业化，培育其日益壮大的年轻群体的创业热情，并让其人民有机会过上更好的生活，实现这一梦想的时代已经到来。非洲大陆自由贸易区旨在通过促进非洲内部贸易，将贸易作为非洲各国增长和可持续发展的引擎。非洲大陆自由贸易区也不仅仅局限于取消关税、简化海关检查，而是要创造一个独特的机会，将非洲建设成为一个综合的庞大市场，这也是向非洲"2063年议程"的愿景"建设我们想要的非洲"所迈出的重要一步。

《充分利用非洲大陆自由贸易区——促贸易，引投资，助力增长减贫》(*Making the Most of the African Continental Free Trade Area：Leveraging Trade and Foreign Direct Investment to Boost Growth and Reduce Poverty*)突出了通过非洲大陆自由贸易区实现紧密的经济合作以使非洲更加繁荣的承诺。报告评估了非洲大陆自由贸易区的潜在经济与社会效益：促进贸易、吸引外国直接投资、提高全球价值链参与度、加速经济增长、减少贫困和促进共同繁荣。此外，报告讨论了成功的政治经济条件以及将非洲大陆自由贸易区的相关承诺转变为现实所需的步骤。

非洲大陆自由贸易区所承诺的深度一体化将加强非洲抵御冲击的能力，并在破除目前的经济发展障碍方面发挥关键作用。建立非洲大陆自由贸易区的协定如果能够得到充分实施，将在超过13亿人口的市场上促进商品、服务与投资的流动。明确的市场规则将有助于激发人们的创业信心与跨境投资活动，并确保市场能够公平有效地运作。到2035年，由此产生的就业岗位与创造的收入将使多达5000万的人摆脱极端贫困，弥补由新冠肺炎疫情所造成的部分损失。

在诸多协定涵盖非洲不同的次区域之前，非洲曾试图实现区域一体化。非洲大陆自由贸易区的突出之处在于其政治合作的深度、地理的涵盖范围与政策的覆盖面，以及所有现行区域经济共同体在单一规范框架下争端解决机制的衔接，这将确保区域各国遵守和执行其所做出的承诺。这表明每个成员国确实准备接受基于规则的国际贸易和投资体系。

大多数非洲国家都需要将视野投向国际市场，以此获得经济发展机会，提高

本国人民的收入。鉴于同邻近地区开展贸易的有利条件,同邻国发展贸易活动应当是实现经济增长的最佳选择。然而,目前非洲国家同外部地区的贸易活动多于本地区国家之间的贸易活动。事实上,以跨境贸易成本而言,非洲的区域内边界当属全球范围内限制性最强的边界之一。跨境贸易的成本通常源于繁多的监管程序、糟糕的基础设施与欠佳的运输物流条件。化解这些问题将刺激对发展至关重要的商品、服务、资本和人员的流通,非洲大陆自由贸易区协定要求各国在简化和协调贸易过境程序方面开展合作,并建立监督消除贸易壁垒的体制结构与程序。据本报告估计,到 2035 年,仅落实贸易便利化措施所带来的收益就可能达到 2920 亿美元。

如果非洲大陆能够实现市场统合程度更高、进入壁垒更低、各国监管更加趋同,那么非洲大陆将能够吸引更多来自大陆内部与世界其他地区的投资,这些外国投资将创造就业机会,并引来先进技术和专业知识。如果管理得当,外国投资将增强当地的经济活力,建立与外部市场的联系,帮助非洲各国融入区域和全球价值链。将外国直接投资引向出口型导向的制造业和服务业、创造上游价值链活动,有助于非洲减少对自然资源出口的依赖,降低其经济受商品价格波动影响的脆弱性。本报告发现,通过深度一体化方式增加外国直接投资的举措,可以在2035 年前将非洲出口增加 32%,并将非洲国家内部的出口活动增加 109%,这一点在制造产品部门尤为显著。

但是,我们不应将非洲大陆自由贸易区所预期的收益视为理所当然就能实现的。协定的缔约国必须采取具体步骤,克服重大挑战与风险,并对国内政策进行改革。非洲大陆自由贸易区将带来薪酬更高、质量更好的工作。但是,由贸易自由化所带来的收益并非总会由社会中的所有部门平等共享。政策制定者需要仔细观察非洲大陆自由贸易区在各个部门、各个国家、熟练工人与非熟练工人以及男女工人之间所带来的分配方面的影响。这样做将有利于其政策制定工作的进行,降低工作转换的成本,并在工人最需要的地方提供有效的安全网机制。如果这些措施没有得到落实的话,反全球化的浪潮将会蔓延。

现在,非洲各国都必须根据其所同意的非洲大陆自由贸易区协定的条款作出具体承诺。此外,该协定的其他重要方面(包括投资、知识产权、竞争政策、数字贸易以及妇女与青年权益)仍处于谈判进程中。非洲大陆自由贸易区不应当仅仅只是政治层面的对话。随着谈判的深入进行,在广大公众与基层当中建立起对该协议的支持将至关重要。在协议谈判和执行的每一步,缔约国应当同与之相关的企业成员进行接触,包括小微企业与中型企业。企业界的参与将有助于小型企业利用非洲大陆自由贸易区把握经济机会、创造就业岗位。

事实上,谈判的成功结束是关键的第一步,在协定所涉及的每一个领域,其包含的承诺内容、架构与深度都是实现长期愿景的关键。但是,最终的成功需要一项由规范与纪律组成的约定,缔约国必须同意将有利于增强非洲竞争力的条款纳入非洲大陆自由贸易区协定,从而向贸易商和投资者传递出正确的信号。为了使非洲大陆自由贸易区协定的承诺变为现实,加强专家团队建设、设立独立的常设秘书处将至关重要——一个强大的秘书处可以帮助各国政府建立起健全的国内机构来管理、监督和执行协定。

变革的时刻已经到来,旧有的发展模式已经无法对非洲产生作用。非洲大陆自由贸易区协定已经表明非洲对商业交流所持有的开放态度,尽管近年来世界其他地区一直被不确定性因素和贸易保护主义的声音所困扰,但非洲已然迈步前进,并于2021年初开始正式在非洲大陆自由贸易区机制下开展贸易。

非洲大陆自由贸易区的建立为促进非洲经济增长、减少贫困人口以及破除非洲对"繁荣—萧条"商品周期的依赖提供了一个特别的机会。根据2020年由世界银行发表的一份报告估计,2035年前,非洲大陆自由贸易区协定将使得非洲大陆的收入提高7%,并使4000万人摆脱极端贫困的状态,这主要通过刺激非洲区域内部贸易而实现。减少商品和服务的非关税壁垒以及改善贸易便利化措施所贡献的收益将占到总额达4500亿美元的潜在收益的三分之二,这将消除非洲大陆大部分边境地区的长期拖延状态,降低贸易合规成本,从而使非洲的企业能够更加容易地融入区域和全球供应链。

本报告以此前关于外国直接投资数额增加和贸易以外的深度一体化所带来的潜在收益的研究为基础。非洲的外国直接投资规模历来较低,而非洲大陆自由贸易区将很有可能通过消除关税和非关税壁垒,并打造一个统一的市场来取代现有的双边贸易关系和区域贸易协议来吸引跨境投资。55个成员国中的任何一员都可以进入一个拥有13亿人口、国内生产总值总额达3.4亿美元的大陆市场。全球和区域价值链的一体化将进一步吸引外国直接投资及其所带来的就业、资金和专业知识。

考虑到非洲大陆自由贸易区对外国直接投资的影响以及对非洲本身更深层次的一体化(不仅局限于贸易方面)的影响,非洲大陆市场的收益将进一步扩大。降低进入壁垒和协调各国监管将能够吸引更多跨境投资,到2035年进一步将非洲的实际收益水平提高 8% 左右。外国直接投资增加方案对成员国拓展协议、协调投资、竞争、电子商务协作与知识产权政策所能获得的额外收益进行了模拟。深化这些政策领域的一体化举措将有助于建立公平和高效的市场,提高市场竞争力,并通过减少政治及监管风险、提高投资者信心来吸引更多的外国直接投资。到 2035 年,非洲大陆自由贸易区带来的非洲本身更深层次的一体化将使非洲大陆整体收入增加 9%。

根据外国直接投资增加方案,非洲的外国直接投资数额可能会增加 111%,而在非洲本身更深层次的一体化下,这一数值则将达到 159%,这是由于来自非洲内部的外国直接投资预期增长将介于 54% 和 68% 之间,而来自世界其他地区的外国直接投资增长将介于 86% 和 122% 之间。预计欧洲将在非洲所增加的外国直接投资中占据最大份额(60%),其次是亚洲、北美和南美。

在促进企业融入区域价值链的情况下,贸易和产出的部门模式发生了重大变化。纺织品、服装、化学、橡胶、塑料制品和加工食品在外国直接投资增加的情况下出口增长最多。而在非洲本身一体化层次进一步加深的情况下,特定部门的出口形势将得到提振,例如运输部门、加工食品、木材、纸制品、化学品、橡胶、塑料制品、石油与煤炭产品,出口的额外增长与贸易成本的下降有关。在能源密集型制造业、化石燃料产业与通信服务业等资本密集型行业中,外国直接投资的增加与出口的额外增长相关。

在非洲本身一体化层次进一步加深的情况下,受益于国内部分行业的需求增长,资本密集型部门的产出增长最大。外国直接投资的增加导致非洲大陆自由贸易区建筑业、能源密集型制造业、通信服务业和保险服务业的产出提高。在非洲本身一体化层次进一步加深的情况下,贸易成本的下降引发了运输业务的发展、石油和煤炭产品销售的增长;包括航空业和酒店行业在内的服务业将得以发展,受到新冠肺炎疫情沉重打击的行业的复苏也会得到支持。

女性和技术工人有望从非洲大陆自由贸易区中获得最大的工资收益,预计到 2035 年,女性工人的工资将提高 11.2%,男性工人的工资将增长 9.8%。外国直接投资的增加以及非洲本身更深层次的一体化都将带来工资的更大增长,但这一状况也存在着地区差异性。随着能源密集型制造业的扩张,中部非洲的女性工资增长速度将快于男性,因为能源密集型制造业所雇用的女性工人比例相对较高。在南部非洲,男性的工资将增长更多,因为制造业和建筑业这两个由男性主导的产业部门将更有可能扩张。在中部非洲、北部非洲与西部非洲,熟练工人的工资增长速度将快于非熟练工人。在农业和建筑业发展最为迅速的东非，以及经济增长主要集中于制造业和建筑业的南部非洲，非熟练工人的工资则增长更多。

在外国直接投资增加以及对非洲本身更深层次一体化的推动下，非洲的贫困水平将进一步下降。在将新冠肺炎疫情所导致的贫困人口增加状况纳入考虑之后，预计贸易协定本身(不包括增加的外国直接投资)在 2035 年将使非洲的极端贫困人口(按购买力平价计算每天不到 1.90 美元)减少 4000 万，使其总量降至 2.77 亿人。在外国直接投资增加的情况下，极端贫困人口可能会减少 500万，而在非洲本身更深层次一体化的情况下，这一数量将达到 1000 万。同时，非洲本身更深层次的一体化还将创造 1790 万个工作岗位，到 2035 年，非洲大陆将有 2.45％的工人转移到扩张型行业。

在贸易、投资和就业方面释放这些潜在收益绝非易事。非洲大陆自由贸易区谈判应当按计划完成，并使其成为一项深入的贸易协定，超越货物贸易的范畴，将服务贸易、投资、竞争政策、贸易相关的知识产权与电子商务涵盖在内。提高非洲私营部门的作用，并在政府外部为非洲大陆自由贸易区的建设发动更多的基层支持，也是至关重要的。

非洲大陆自由贸易区具有促使非洲实现发展的潜力，然而，实现这一潜力需要实施一系列配套行动。政府必须实施对跨境贸易和投资有利的政策，以最大限度地发挥潜在效益。在实现贸易利益最大化的同时，必须优先考虑潜在的收益分配与社会影响，将非洲大陆自由贸易区协定与"补充议程"结合起来，可以确保该协定能够发挥适当的管理作用，并促进措施落实，在走入开放市场过渡的进程中，为整个非洲提供机会最大化与风险最小化的方法。

非洲大陆自由贸易区与商法
——对非洲国际贸易法律概念的重建①

奇萨·奥尼耶奎、埃戈萨·埃卡特　著

王　婷　曾振鹏　译

摘　要:本文重点关注《非洲大陆自由贸易区协定》,认为前殖民时期非洲的商业活动与中世纪欧洲的商法活动存在相似之处。本文还主要探讨了非洲大陆自由贸易区的两个主要原则:可变几何原则和争端解决机制。为了实现结构化和对比性的目的,这两个原则构成了非洲背景下现代商法的核心要义。本文认为,非洲大陆自由贸易区将提升非洲贸易原则的地位,进而强化商法原则。

关键词:非洲大陆自由贸易区协定;非洲大陆自由贸易区;商法

作者简介:奇萨·奥尼耶奎(Chisa Onyejekwe),坎特伯雷基督教会大学(Canterbury Christ Church University)讲师;埃戈萨·埃卡特(Eghosa Ekhator),德比大学(University of Derby)高级讲师

译者简介:王婷,北京外国语大学非洲学院讲师;曾振鹏,北京外国语大学非洲学院学生

《非洲大陆自由贸易区协定》(The AfCFTA Agreement or The Agreement for the Establishment of the African Continental Free Trade Area,下文简称为《协定》)得到接受和采用的直接动力或者说"政治合法化行动"始于 2012 年,而后第十八届非洲联盟国家元首和政府首脑会议接受了关于在 2017 年建立非洲大陆自由贸易区的决定。会议同时也制定了旨在加强非洲大陆贸易一体化的

①　原文参见:Chisa Onyejekwe and Eghosa Ekhator, AfCFTA and lex mercatoria: reconceptualising international trade law in Africa, *Commonwealth Law Bulletin*, 2020, DOI: 10.1080/03050718.2020. 1812097。译发时对脚注进行了删减,如需参考,请对照原文。

"关于促进非洲内部贸易的行动计划"(BIAT)。该计划共有七个环节,包括贸易便利化、生产高效性、贸易相关基础设施建设、贸易财政支持和市场要素一体化等。这些行动的成功实施预期将为促进非洲内部贸易发展作出突出贡献。

对于《协定》最终版内容的协商是一个冗长的过程。2015年6月,非洲联盟国家元首和政府首脑会议上提出了诸多倡议,而后在2015年至2018年3月期间,协商论坛在协议最终版确定之前开展了十余次的讨论磋商。磋商的过程包括多个阶段,已结束的第一阶段重点关注了诸如原产地规则(ROO)、争端解决、消除商品非关税堡垒等议题。第二阶段的磋商开启于2018年年末,主要关注投资、竞争和知识产权等议题。

《协定》于2019年5月30日起,在已交存其批准书的24个国家范围内生效。《协定》旨在创建非洲大陆范围内促进商品和服务发展的单一市场,实现商品和人员的自由流动。该自贸区拥有12亿人口,近2.5万亿美元的国内生产总值。因此,非洲大陆自由贸易区协定已成为自世界贸易组织(WTO)成立以来,世界范围内最大的自由贸易协定。借助非洲联盟作为第三方经济机构,非洲联盟55个成员国中有44个非洲国家已于2018年3月在卢旺达的首都基加利共同签署《协定》。由于许多非洲国家并不是同发达国家(以及在全球贸易体制中)签署各个自由贸易协定的主要参与者,因此(非洲国家间签署的)《协定》具有格外重要的意义。

2019年7月,在尼日尔首都尼亚美召开的第十二届非洲联盟特别会议中,公布了《协定》的具体运作阶段,并提出将通过原产地规则、线上协商论坛、非关税壁垒的监管和消除、数字支付系统以及非洲贸易观察这5个层面实现各个阶段目标。根据《协定》规定,将于2020年7月正式启动大陆内贸易,但由于新冠肺炎疫情,原计划一再推迟。

《建立非洲经济共同体条约》(The Treaty Establishing the African Economic Community)——又称《阿布贾条约》(The Abuja Treaty)——是《协定》的先驱。《阿布贾条约》提出了在非洲联盟成员国之间建立自由贸易区的设想,因此可以说,《协定》实际上位于非洲大陆一体化梦想的顶端。因此,《协定》也是非洲联盟借以加强非洲大陆区域一体化的重要工具之一。奥本-奥多姆(Obeng-Odoom)认为,《协定》具有旗舰意义,因为其不仅是又一个贸易协定,更是非洲联盟用以加强非洲大陆一体化以及非洲大陆团结的倡议。《协定》关于促进区域一体化的提议,与包括《阿布贾条约》和《非洲联盟组织法》等在内的法律文件的明确原则相统一。协议中的第三条侧重于《协定》的总目标,而第四条则侧重于《协定》的具体目标。总目标包括:建立商品和服务的单一市场、促进人员的自由流动、实现稳定性和包容性发展、建立大陆间的关税联盟等。具体目标包括:消除商品和服务的关税和非关税壁垒、投资合作、知识产权和竞争政策等。

因此,本文认为《协定》的发展作为非洲对现代商法改革实践的重大贡献和突出表现,与近来国际范围内对非洲经济贸易法的学术研究不谋而合。此外,商法可以定义为:"一个多方面的术语,用以划定社群及其实践的边界,并指导一个法律系统。它描述了使私人和跨国贸易关系活跃起来的参与者、惯例法则、组织技术和指导原则的整体,并指向了支配这些关系的实体法和争端解决程序的主体。"

非洲本土学者和非洲之外的学者将国际经济法重新定义为一个拥有其独立基础的学科,这是一种隐含或者明示的对将非非洲的习语、法典和国际经济法机制作为在非洲开展国际商法研究、教学基础和出发点的否定。例如,姆本格(Mbengue)认为,《泛非投资法》(PAIC, the Pan-African Investment Code)作为一种非洲大陆范围内的投资法律,其发展将呈现国际投资法"非洲化"的趋势。

本文期望解决的问题是:《协定》将在多大程度上反映非洲、欧洲乃至全球对商法的理解,以及其对国际贸易的影响?

为实现这一目标,本文讨论了《协定》中的两大原则:可变几何原则(the variable geometry principle)和争端解决机制(the dispute resolution mechanism)。《协定》第五条侧重于支持成员国活动的原则。可变几何原则作为在协议第五条中重点论述的原则之一,为非洲国家实施该协定提供了一定的灵活性。本文认为,出于结构化和对比性的目的,这些原则(可变几何原则和争端解决机制)组成了在非洲背景下的商法的核心原则。因此,本文的目的是:基于《协定》中的可变几何原则和争端解决机制,《协定》的诞生带来了以非洲为导向的国际贸易法的发展。可变几何原则已被诸多学者广泛应用于解释非洲经济一体化的具体实践。此外,《协定》中的争端解决机制很大程度上是模仿世贸组织的争端解决程序。《协定》中第二十条为缔约国间的争端提供了解决机制。

本文包含引言在内共五个部分。第一部分为引言。第二部分关注的是西方视角下商法的演变过程。商法从西方/欧洲历史视角下进行论述,为分析贸易的相互作用提供了视角与框架。第三部分着眼于非洲商法,认为在前殖民时期的非洲,商人与国家的贸易活动近似于西欧商法下的活动。尽管如塞姆帕萨

(Sempasa)等一些学者提出了相反的观点,认为非洲并没有参与到现代国际贸易规则的制订过程中。第四部分提出将《协定》作为近似于以非洲为中心的商法的象征意义。同时,一些《协定》中诸如可变几何原则和争端解决机制等关键原则的制定,可视为非洲对现代商法的突出贡献。第五部分为文章结尾,提出应在非洲视角下,以《协定》为依托加大对商法的研究。

一、 商法的演变

商法作为一个贸易制度,可以追溯到11—12世纪的欧洲贸易发展。这个贸易系统是中世纪的一种合法的贸易制度,主要由商人及其代理人来操控。该贸易系统的一大长处在于商人们能够避免因为当地习俗和不同规定而产生的冲突。这是一个建立在诚信、冲突化解、争端解决等多种原则之上,以自愿为原则的贸易体系。12世纪末,这一贸易系统(也被称作中世纪商法)通过中间商及"关键时刻于地中海和东方贸易路线上的行为准则"来规范欧洲的大部分贸易。

在当代,"新商法"或者"当代商法"取代中世纪商法概念。中世纪商法与新商法截然不同。如前所述,中世纪的西欧商人通过中世纪商法来规范其贸易活动。中世纪商法也因其不能仅仅与具体的某个国家的法律制度相联系而具有跨国性。然而,在18和19世纪时,商法失去了跨国性特点,并最终被并入不同国家的法律体系。因此,当代商法被定义为"一系列由国际商业界自主制定、仲裁员在贸易纠纷中广泛应用的跨境交易规则"。尽管可能难以解读当代商法的概念,但其包含的一些诸如合理性、诚信、赔偿、抵消、协商义务等共性或关键原则仍值得肯定。

商法经历了不同的转变,并作为一种新商法发展达到顶峰。学者把商法的兴衰发展分为了三个时期。第一时期为中世纪及古代商法(后被废除)。第二阶段包括了20世纪商法的兴盛。第三阶段(当前阶段),也是最后阶段,即从灵活的软法过渡到具有成文规则(诸如《国际商事合同原则》)的、"强制化的法院式国际仲裁"的、更为正式的制度。

此外,新商法凌驾于国家权力之上。因此一些学者认为现代商法是超国家的,即不建立在任何国家基础上的全球性法律。但是,迈克尔斯(Michaels)认为现代商法是一部"自由结合了国家层面和非国家层面法律元素"的新兴全球性经济法。"真正的商法的诞生标志着全球法从不同国家法的部分分割性区别转向功能性区别。这不是一部没有国家的法律,而是一部超越于国家之上的法律。"新商法(或现代商法)因此也成为了超国家性法律制度的范本,并在国际经济法庭的仲裁中得到了多次重申。

本文认为,商法仍是一个在国际贸易法律中占有重要部分的概念。下面将讨论在商法的发展过程中,前殖民时代的非洲是否扮演了一定的角色。

二、 商法与非洲

如前所述,商法的概念并不是近期出现的。很多学者把商法的发展历程分为了不同的时期,比如起源于罗马的商法,古埃及、希腊和腓尼基等的海上贸易。由于主流学术文献中"商法"的演变具有欧洲中心主义或西方主义的性质,很多非洲学者都拒绝接受"商法"这一概念。巴莫杜(Bamodu)认为中世纪商法的概念因其演变中缺乏非洲的参与,而在非洲学者中引起了怀疑或保留。同时,一些非洲学者认为,正是因为在商法发展的过程中缺乏了非洲的有益参与,当今仲裁法庭上使用的许多原则和标准常被用作规避非洲的市政法律。中世纪商法自身带有的欧洲中心属性,与18至19世纪西方学术界的学术成果和出版刊物中,关于忽视非洲及对欧洲起源论过分强调的主流观点不谋而合。

可以说,由于近来国际经济法和国际贸易法领域的发展,大量非洲学者对中世纪商法的批判有所缓和。此外,许多学者强调,商法的起源不能仅追溯到欧洲。商人间的经济贸易在世界的不同地区(包括非洲大陆)都很常见,而且其中的许多社区都有依据他们的风俗或规则来解决争端的制度。在前殖民时期的非洲,关于贸易管理的鲜明例子就是"旺加拉贸易网络"(Wangara Trading Network)。据奥肖努(Ochonu)教授所说,这是一个"……在14至19世纪间,由讲曼德语的商人们、贸易经纪人和金融家在非洲西部建立并运作的庞大商业和贸易帝国。旺加拉由于其在区域内长距离贸易和投资活动,而在西非的经济和商业历史上占据举足轻重的地位。他们遭遇并成功克服了诸如不同文化和政治背景下的贸易与投资等的困难,并为当今非洲对非洲大陆上关于投资和贸易的讨论留下了宝贵的经验财富"。

此外,奥敦坦(Oduntan)强调,非洲人与域外商人(包括阿拉伯人和欧洲人)之间的经济来往是域外商人和探险家普遍接受的一个复杂过程。他进一步断言,非洲大陆在前殖民时期有过一些与商业贸易相关的完全本土性的贸易手段或机制,不幸的是,现当代已找不到其踪迹。除此以外,在前殖民时期,通过一些正式和非正式规则的不断发展,非洲人创造过一个涵盖火器和盐在内等不同商品贸易的一定区域范围内的市场。同时,前殖民时期非洲大陆上的贸易交往,也为被广泛接受的等价交换方式——诸如贝壳和金粉等跨境货币——流通的创造和实践作出了贡献。同时,据库福尔(Kufuor)所述,"对于观察欧洲商法在13—18世纪广泛开展的西欧经济改革中扮演的中心角色的现象",可以从前殖民时期非洲贸易者、非洲王国和非洲社会的经济活动中窥见一二。因此,本文认为,尽管关于商法起源追溯到欧洲的观点得到了大多数人的赞同,但不可忽视的是,前殖民时期非洲王国(和商人)也参与到了类似的贸易互动并形成了与该时期欧洲大陆上的相关观念相类似的独特观念。前殖民时期的非洲社会和机构也发展了能够体现其自身贸易管理特色的结构和规范。本文认为,在前殖民时期,尽管没有对那个时期的非洲商法进行明确的定义,但非洲人和外国贸易者已经参与到非洲大陆上近似于商法活动的贸易活动中了。

《协定》的发展涵盖了独特的非洲视角,或根据《协定》中第五条所强调的原则,可以看到非洲对新商法发展的贡献。因此,伴随着涉及大量利益相关方(如国家、企业、公民社会组织和非正式组织)签署的《协定》以及相关谈判过程的发展,那些主张非洲并不在国际舞台上扮演主要参与者角色的观点必将走向衰落。

三、《协定》作为非洲商法的变体

据库尔曼(Kuhlmann)和阿古图(Agutu)所说,《协定》是独特的,为贸易发展提供了具有不可替代性的法律模型。同样地,奥本-奥多姆指出,《协定》是"关于自由贸易的非洲本土理论",因此其意图落在非洲大陆上明确的资源主权。库尔曼和阿古图认为,《协定》的一大鲜明特色在于,在当前全球贸易体系危机的背景下,英国脱欧、世贸组织危机和日益恶化的中美贸易关系等给国际贸易法带来的负面影响,更加凸显了其诞生时机的恰当性。《协定》的另一鲜明特色在于其对包括协商过程以灵活性和可变几何等概念的设想。《协定》也因其规模大的特点,将在促进区域一体化和非洲贸易等方面发挥巨大作用。如果《协定》能够成功实施,将给全球贸易系统和国际贸易法律带来积极影响。

非洲大陆上法律的复杂性或多样性是阻滞非洲经济发展的一大障碍,这也对非洲商人和外国公司之间的贸易活动产生了消极影响。因此,"非洲国家中国际经济法的多样性很有可能会阻碍经济区域一体化目标的实现"。可以说,随着《协定》的不断发展和实践生效,上述的一些障碍或困难会得到一定程度的克服。

此外,在国际经济法律中,包括已在国际经济交易中被普遍接受的商法标准或原则在内的,跨国(或全球性)法律等同于商法。因此,在《协定》第五条中被普遍接受的标准和原则将有效解决由其条款所产生的贸易争端。作为非洲导向型的原则,可以认为它们反映了非洲人或者非洲联盟对解决国家或国际贸易争端的路径。在《协定》第五条中所强调的一些原则默认了如下事实:这一过程是由非洲联盟国家推动的,且区域经济共同体和自由贸易区也为《协定》中规定的可变几何原则、灵活性原则、特殊与区别待遇、透明度、国民待遇、决策共识和其他方面的互惠打下坚实基石。

可以说,上述第五条所载的原则强化了《协定》是非洲对当代商法或国际贸易法律的贡献的观点。例如,加提(Gathii)认为,"由于非洲区域贸易协定(RTAs)具有植根于不受欧洲或其他非非洲经验的束缚的非洲历史、政治和现实的语境性要求,我们有必要以其自身的条件来审视这些协定"。因此,《协定》旨在建立一个"基于规则的大陆性贸易体系",且该协定第五条的规定是大胆的。对新商法的主要批评之一在于,其确切的性质或范围尚不明确。另一方面,《协定》的第五条明确列出了该协定的原则。这也是《协定》的主要优点之一,因此,在《协定》的职权范围和法律制度方面没有丝毫含糊。本文主要讨论的是《协定》中的可变几何原则(第五条)和第二十条的争端解决机制。

(一) 可变几何原则与《协定》

可变几何原则是《协定》中提出的最重要的原则之一。可变几何原则在非洲被用作分析许多经济一体化的项目或倡议。《协定》的第五条提出了可变几何原则的概念。据加提所说,在非洲背景下,可变几何原则指向的是在贸易一体化条约中的规则、原则和政策,而这些规则、原则和政策都将在成员国落实,尤其是最贫穷的成员国:(i)充分发挥政策的灵活性和自主性,以较慢的速度追求有时间规划的贸易承诺和协调目标;(ii)通过创造机会以最大程度上减少分配损失,包括补偿因执行区域自由化承诺和旨在促进区域一体化的公平分配的机构和组织,以尽量避免因过度关注某一成员而出现的损失;(iii)在区域贸易协定成员之间工业的分配优惠,以及区域银行在信贷和投资的分配优惠。

因此,加提也在他的文章中主张,可变几何原则和灵活性原则是非洲区域一体化的关键。尽管对于可变几何造成非洲国家之间的贸易效率低下仍存在批评（议论），但它仍然是非洲区域贸易协定用以"调整它们之间利益和负担"的策略。此外，与非洲区域贸易协定类似的，《协定》在第五条中提出了可变几何原则的概念。同时，根据第五条，《协定》基于可变几何原则、灵活性和特殊与区别待遇等原则进行管理。因此，与其他非洲区域贸易协定一样，《协定》为成员国以自身因素考量（或以较慢的速度）实现共同愿景和目标提供了一定的灵活性。

根据世贸组织定义的协商模式，所有成员国都应该在谈判的所有阶段中签署协定。然而，近来世贸组织的这一共识并没有为所有世贸成员国规定相对应的义务。相反，这些协议为所谓的特殊与区别待遇提供了范例。这些特殊与区别待遇条款规定了在某些情况下降低对发展中国家和最不发达国家的期望。此外，对发展中国家和最不发达国家的区别对待是世贸组织的协商过程中的重要一环。相对于发达国家，发展中国家的关税降幅将更低。同时，一些世贸组织的协定允许最不发达国家和发展中国家在国内执行最低标准方面有一定的宽限期。例如，《与贸易有关的知识产权协定》为最不发达国家履行其相应的大部分义务规定了一个过渡期，这个过渡期起初为十年，期限至 2005 年。但是，它先是被延长到 2013 年，后又被延长到 2021 年。过渡期为世贸组织内最不发达成员国履行《与贸易有关的知识产权协定》规定的义务提供了（可实现的）机会。

另一方面，一些学者认为世贸组织应该完全接纳可变几何原则。可变几何原则具有灵活性，世贸组织对该原则的采用，将会在本要求成员国必须履行的"单一承诺"方面失去效力，而只履行与自身利益相关的义务。此外，刘易斯（Lewis）认为可变几何方法"将导致一些协议只由世贸成员的小部分成员国签署，并需要在谈判中考虑这一后果"。因此，可变几何原则成为世贸组织的一项内容将是有价值的。

《协定》中的可变几何原则是非常关键的一个环节。在《协定》的指导下，可变几何原则将关照协议分成不同的部分，并分阶段进行处理，从而调整《协定》对非洲大陆的作用影响。因此，可变几何原则强调了《协议》的操作将是渐进的或者说其本身是一个渐进的贸易协定。然而，对于可变几何与各个非洲经济一体化项目之间的关系学界一直有不同的看法。一方面，有观点认为可变几何的概念通过增强不同国家以自己的速度追求或配合区域一体化项目的灵活性，可以加深对非洲区域一体化倡议的理解。安颂（Ansong）提出了令人信服的观点：《协定》中第十九条第一款重点关注了《协定》和非洲区域经济组织之间的关系，并在此框架内运作可变几何原则。安颂进一步提出,即使《协定》层面上提出的进一步推进一体化是无效的,但由于在区域层面上根深蒂固的结构和规则,区域经济组织仍然可以参与到更深层次的一体化建设之中。然而,这可能导致《协定》被纳入非洲区域经济或一体化倡议之中。

另一方面,对于可变几何原则在《协定》中的影响,存在尖锐的批评声音。例如,法桑(Fasan)认为,因为可变几何原则的应用可能与成员国在《协定》中对于相同义务的履行或本土化层面运作的目标相冲突,可变几何(即各国在不同水平上进行整合)会阻碍非洲单一市场的建立。因此,为实现《协定》的成功运行,非洲领导人必须表明他们对充分执行《协定》的政治意愿。

下面将重点关注在《协定》指导下的争端解决。因为,一个运作良好的争端解决机制可以提高贸易协定的效用。

(二) 《协定》中的争端解决

《协定》中的第二十条提出了应用于缔约国之间争端解决的机制。同样地,争端解决机制的管理应该符合《协定》中关于争端解决的议定书和程序规定。此外,根据第二十条,争端解决的规则和程序议定书应当设立争端解决机构。

《协定》的争端解决机制与世贸组织的争端解决程序和机制相一致。与非洲许多的区域经济组织法院不同,《协定》是以世贸组织的争端解决谅解为基础的。这有可能会导致管辖权冲突的问题。因此,奥弗蒂勒(Ofodile)认为,投资者—国家争端解决机制"在《协定》框架下"的未来"尚不明朗",《投资协定书》最终确认后是否会提供投资者—国家争端解决机制的问题可能会引起争议。然而,《协定》中的争端解决机制并不是非洲第一个建立在世贸组织争端解决谅解基础上的区域性争端解决机制。

此外,如果《协定》想要在非洲大陆上实现梦寐以求的经济一体化,其规划的争端解决机制的有效性至关重要。《协定》接纳了世贸组织争端解决系统的有益成分。然而,世贸组织的争端解决谅解近来受到了诸多质疑。所以问题在于,在世贸组织的争端解决机制下,投资者是否会有足够的自信开展投资活动?奥弗蒂勒认为,鉴于对投资者—国家争端解决机制担忧的不断增加,非洲国家可能决定选择"积极的国家间争端解决机制,以作为投资者—国家争端解决机制的替代或有力补充"。作为对投资者—国家争端解决机制的替代,国家间的争端解决机制正在赢得更多的欢迎,并在双边投资协定中愈发凸显。

如前所述,《协定》中的争端解决机制主要基于世贸的争端解决谅解。这并不令人意外,因为世贸组织的争端解决一直都运作良好,被称为"多边贸易体系的冠上明珠"。尽管近年来的危机使得世贸的争端解决陷入困境,并对世贸组织的争端解决机制提出了尖锐批评,但其在确保世贸组织规则得到尊重和执行方面基本上是成功的。

《协定》中的争端解决机制并不是《协定》中争端解决的第一步。第一步是为解决协约国间争端的非正式机制——磋商阶段。尽管《协定》提供了一个高度司法化和法制化的争端解决程序,各国利用磋商阶段,以增强《协定》的争端解决机制程序的效力。因非洲国家不愿参与全球各地贸易争端解决机制,这一点的重要性不言而喻。例如,非洲国家很少在其区域(包括次区域)法庭和诸如世贸组织等国际论坛上针对彼此提起诉讼。因此,阿金库格贝(Akinkugbe)认为,《协定》的争端解决机制"将不会在司法或准司法机构前探求贸易争端的正式解决,而将扎根于非洲国家的文化中"。这一点在非洲区域经济共同体的司法制度中尤为明显,其司法系统以维护和促进人权保护而闻名,而并非仅发展贸易或经济一体化。因此,《协定》的争端解决机制的磋商阶段可以在一定程度上弥补《协定》在高度司法化下争端解决体系的固有弊端。可以说,《协定》磋商过程的非正式性质,与"非洲方案解决非洲问题"的概念相符。因此,在非洲很多国家强调通过和平方式解决争端,即通过调节和谈判等政治解决方案来解决争端,而非通过司法工具来解决争端。

一些学者对《协定》的争端解决机制提出了尖锐的批评。其一大明显弊端在于,它无法为诸如企业、个人或非正式部门成员等非国家行为体提供向其提起索赔的机会。这与非洲许多的区域和次区域机构的立场不同,这些机构允许个人、非政府组织乃至企业向各种争端解决机制提起索赔或诉讼。笔者认为,《协定》的争端解决机制应该遵循或效仿非洲地区和次区域司法机构,尤其是西非国家经济共同体法院和东非共同体法院的争端解决机制,允许个人、非政府组织和政府通过法院来磋商议题。因此,《协定》的争端解决机制应该为非正式贸易团体、非政府组织、企业等提供司法路径,以增强《协定》指导下争端解决机制的合法性。在此,《协定》第二十一条明确规定,关于争端解决机制"应该适用于缔约国间产生的争端解决"的观点应予以修订,以囊括企业和其他利益相关者。此外,奥涅马(Onyema)认为,尽管商人或企业没有直接渠道表达诉求,也不能利用《协定》的争端解决机制,但各国在《协定》中本就代表了其商业利益。本文认为企业和其他利益相关者应该被允许直接使用《协定》的贸易争端解决机制，而不是让缔约国来承担责任。

学者提出要在《协定》的争端解决机制中建立替代或弥补其不足的不同机制。例如，奥涅马提出了一个"将会有效支撑非洲内部贸易增长的现代争端解决机制"。她提出两项改革来加强非洲区域仲裁框架。她第一个倡议是将一些区域仲裁中心与非洲联盟承认的八个区域经济共同体相联系。第二个倡议是创建一个拥有管辖权、可作出仲裁裁决的区域商法法庭。然而，可以说《协定》采取了受世贸启发的争端解决机制，表明非洲国家愿意建立一个强有力的争端解决机制，以确保成员国履行《协定》中规定的义务。

如本部分先前所强调的，《协定》与世贸机制不同，其争端解决机制不是《协定》下唯一的争端解决机制。在《协定》第三条第二点中提出的，《关于争端解决的规则和程序议定书》中提到：本议定书适用于《协定》所载关于争端解决的特殊和附加规则和程序。本议定书的规则和程序，与《协定》中的特殊或附加规则和程序，在一定程度上有所区别，应以特殊或附加的规则和程序为准。

据加提所述，在该条款下的措施范例是《协定》名为"非关税壁垒"的附件五。这一条款规定建立一项"识别、报告、解决、监测和消除非关税壁垒"的措施。这一措施不同于根植在《协定》中《关于争端解决规则和程序议定书》的僵化司法的争端解决方式，它向包括学者、国家协调中心和缔约国商业机构等众多非国家行为体开放争端解决的机制。非洲不应该总是指望欧洲来将其思维植入其系统或法律制度中。非洲已经在其大陆上建立起用以解决贸易争端的有效且富有弹性的框架。因此，应该针对《协定》的争端解决机制进行改革，以注入这些独特的非洲特征，而非关税壁垒则反映了以非洲为导向的国际贸易法机制的建立，为弥补当下《协定》争端解决机制的不足作出了贡献。然而，《协定》争端解决机制的发展将带领非洲进入一个可预测性、确定性、法治化的贸易发展新阶段。非洲政策中心和联合国非洲经济委员会有关人士认为，《协定》的诞生意味着"非洲贸易治理已经进入 21 世纪"。

四、 结语

本文对商法的演变和现状进行了批判性回顾，讨论了《协定》中的一些重要的原则（可变几何原则和争端解决机制）。本文提到，《协定》作为非洲对国际贸易法的贡献,它的新发展具有里程碑意义,代表了现代商法的非洲贡献。尽管其受到了不同的批评,但与其他市场或"特定行业的私人法律体系"相似,《协定》仍是解决非洲国家间贸易争端的最新法律制度。此外,《协定》是适用于非洲国家间贸易争端的商法规则的法典编纂。因此,《协定》的成功实施将促进区域一体化以及非洲联盟成员国之间标准和规则的协调与统一。可以说,《协定》加强了商法中类似于鼓励非洲联盟团结、促进非洲海关和法律原则等的效力实施。

此外,争端解决是商法中的重要部分。就《协定》的争端解决机制而言,本文认为,它带来了非洲视角下争端解决规则的法治化。商法的编纂建立在一些学者对这一概念的创新之上。因此,《协定》的成功实施也将带来非洲大陆上商法规则的统一。这将有效提高《协定》中法律规则的可预测性和准确性。然而,为确保《协定》争端解决机制取得成功,必须允许包括企业、非政府组织和跨国公司等私人团体可以直接参与进来。

本文与其他学者的观点相一致,认为"作为非洲区域经济一体化的主要历史遗留问题,该协议的实施是其成功的关键"。本文的结论是,为避免《协定》沦为纸上文章,应促进其全面运作,积极发挥作用。

中非合作

中国企业文化进入非洲及其作用

王　南

摘　要：伴随着中国企业及其员工进驻非洲，中国企业文化也进入了非洲。企业文化是在一定的条件下，企业生产经营和管理活动中所创造的具有该企业特色的精神财富和物质形态。中国的传统文化是中国企业文化形成的肥沃土壤。中国企业文化也必然深受中国传统文化的影响，并且留有相应的印记。中国企业文化进入非洲，其积极作用和正面效应是不容否认的。

关键词：企业文化；中国企业文化；非洲

作者简介：王南，人民日报社主任编辑

中非合作论坛设立和"一带一路"倡议提出以来，中国与非洲之间的传统友好合作关系继续稳步向前发展，特别是中非经贸合作不断扩大和深入，越来越多的中国企业前往非洲，或是投资兴业，或是承建相关工程项目，或是提供相关服务。伴随着中国企业及其员工进驻非洲，中国企业文化也进入了非洲，并且发挥出积极作用和正面效应。本文拟从以下相关方面，谈谈中国企业文化进入非洲及其作用。

一、　关于企业文化

关于企业文化，"科普中国"有如下解释和定义：①

企业文化，或称组织文化（Corporate Culture 或 Organizational Culture），是一个组织由其价值观、信念、仪式、符号、处事方式等组成的其特有的文化形象，

---

① "企业文化"，载百度网，https://baike.baidu.com/item/%E4%BC%81%E4%B8%9A%E6%96%87%E5%8C%96/154426?fr＝。

简单而言,就是企业在日常运行中所表现出的各方各面。

企业文化是在一定的条件下,企业生产经营和管理活动中所创造的具有该企业特色的精神财富和物质形态。它包括企业愿景、文化观念、价值观念、企业精神、道德规范、行为准则、历史传统、企业制度、文化环境、企业产品等。其中价值观是企业文化的核心。

企业文化是企业的灵魂,是推动企业发展的不竭动力。它包含着非常丰富的内容,其核心是企业的精神和价值观。这里的价值观不是泛指企业管理中的各种文化现象,而是企业或企业中的员工在从事经营活动中所秉持的价值观念。

企业文化是企业在经营活动中形成的经营理念、经营目的、经营方针、价值观念、经营行为、社会责任、经营形象等的总和,是企业个性化的根本体现,它是企业生存、竞争和发展的灵魂。

企业文化由三个层次构成:(1)表面层的物质文化,称为企业的"硬文化",包括厂容、厂貌、机械设备,产品造型、外观、质量等;(2)中间层次的制度文化,包括领导体制、人际关系以及各项规章制度和纪律等;(3)核心层的精神文化,称为"企业软文化",包括各种行为规范、价值观念、企业的群体意识、职工素质和优良传统等,是企业文化的核心,被称为企业精神。

企业文化的意义在于,一是能激发员工的使命感。不管是什么企业都有它的责任和使命,企业使命感是全体员工工作的目标和方向,是企业不断发展或前进的动力之源。二是能凝聚员工的归属感。企业文化的作用就是通过企业价值观的提炼和传播,让一群来自不同地方的人共同追求同一个梦想。三是能加强员工的责任感。企业要通过大量的资料和文件宣传员工责任感的重要性,管理人员要给全体员工灌输责任意识、危机意识和团队意识,要让大家清楚地认识企业是全体员工共同的企业。四是能赋予员工的荣誉感。每个人都要在自己的工作岗位、工作领域,多作贡献,多出成绩,多追求荣誉感。五是能实现员工的成就感。一个企业的繁荣昌盛关系到每一个公司员工的生存,企业繁荣了,员工们就会引以为豪,会更积极努力地进取,荣耀越高,成就感就越大,越明显。

二、 改革开放与中国企业

自从1978年改革开放以来,中国发生了翻天覆地的变化,取得了举世瞩目的伟大成就。而今,中国已成为世界第二大经济体,经济实力、科学技术和综合国力等都有了空前的提升,国际威望和国际影响力大大提高。正如习近平总书记指出的那样:"我国国内生产总值由 3679 亿元增长到 2017 年的 82.7 万亿元,年均实际增长 9.5%,远高于同期世界经济 2.9% 左右的年均增速。我国国内生产总值占世界生产总值的比重由改革开放之初的 1.8% 上升到 15.2%,多年来对世界经济增长贡献率超过 30%。我国货物进出口总额从 206 亿美元增长到超过 4 万亿美元,累计使用外商直接投资超过 2 万亿美元,对外投资总额达到 1.9 万亿美元。我国主要农产品产量跃居世界前列,建立了全世界最完整的现代工业体系,科技创新和重大工程捷报频传。我国基础设施建设成就显著,信息畅通,公路成网,铁路密布,高坝矗立,西气东输,南水北调,高铁飞驰,巨轮远航,飞机翱翔,天堑变通途。现在,我国是世界第二大经济体、制造业第一大国、货物贸易第一大国、商品消费第二大国、外资流入第二大国,我国外汇储备连续多年位居世界第一,中国人民在富起来、强起来的征程上迈出了决定性的步伐!"[1]

中国改革开放以来所取得的巨大成就,应该归功于中国共产党英明、正确的领导,以及全体中国人民的努力奋斗。在这当中,就有中国社会各界的贡献,其中也包括中国企业,特别是中国企业对中国经济发展的贡献。"从 1978 年的冬天出发至 2018,中国经济蓬勃而发,走过了波澜壮阔的四十年。四十年间,企业和企业家发挥着无可替代的作用,他们创造了天量的社会财富,也推动着经济和社会不断向前发展。""中国过去四十年经济发展的奇迹,很大程度上就是中国企业和企业家发展的奇迹。""随着中国经济的逐步发展,中国企业在《财富》世界 500 强企业榜单上的上榜企业越来越多,企业排名越来越靠前,企业销售规模和盈利水平越来越高。""经过过去四十多年的发展,不只在日益增长扩大的中国国内市场,中国企业在全球范围的市场份额和影响力也日益提升。越来越多的海外国家对于中国经济发展奇迹的了解,并非来自统计数据或者国际排名,而是来自当地市场上的越来越有影响力的中国产品、中国品牌乃至中国企业的直接投资企业。"[2]

中国企业的发展和成长,是与中国经济的发展和成长同步的。中国财富的增长和综合国力的增强,离不开中国企业的拼搏和奋进。经过四十多年的发展,中国企业已是今非昔比,不但为数众多,规模大小不一,企业形态和组织架构等也变得

---

[1] 《习近平:在庆祝改革开放 40 周年大会上的讲话》,载新华网,http://www.xinhuanet.com/politics/2018-12/18/c_1123872025.htm。

[2] 朱宁:《企业发展对于中国经济改革开放四十年的重大贡献和意义》,载经济观察网,http://www.eeo.com.cn/2018/1207/342898.shtml。

更为多元和复杂。就经营内容和经营范围来说,而今中国企业涉及的行业范围、产品和服务,比以前更广、更多、更细。就企业所有制而言,不光有国有企业,还有私营企业、中外合资/合作企业和股份制企业等。在企业组织架构方面,国有企业除了仍然保留行政机构、党组织,以及工会和共青团等群众团体组织外,还有了董事会、监事会等。一些私营企业和中外合资/合作企业也组建了工会,甚至党、团组织。

毋庸置疑,改革开放为中国企业提供了施展才干和发展壮大的舞台和机遇。中国企业在大量创造物质财富和精神财富的同时,也在不断充实、完善和提升自己。它们不仅努力学习和吸收外部的先进科技、先进管理和先进文化,同时也吐故纳新、锐意进取,全方位提高自身能力和素质,这其中就包括不断充实和优化中国企业文化的内涵和特质等。

三、 中国企业文化

中华民族具有 5000 多年的悠久历史,创造了源远流长、博大精深的民族文化,超越时代、超越国界,至今仍然有着巨大的影响力并发挥其应有的作用。在我国传统文化的艺术宝库和浩如烟海的古代文献中,有着许许多多至今仍闪闪发光的思想。诸如"独立不惧""自强不息"的奋斗精神,"变则通""唯变所适"的变革精神,"先天下之忧而忧,后天下之乐而乐"的奉献精神等等。[①]

由于诞生、成长于中国这个拥有悠久文明和灿烂文化的国度,中国企业几乎自诞生之日起,莫不受到中华文化和中华文明的熏陶和浸淫。中国企业文化也是在这样的环境和氛围中形成和发展起来的。中国的传统文化是中国企业文化形成的肥沃土壤。中国企业文化也必然深受中国传统文化的影响,并且留有相应的印记。

中国宝武钢铁集团有限公司(以下简称中国宝武)是中国乃至世界最大的钢铁企业。2019 年,中国宝武继续保持行业领先地位,实现钢产量 9546 万吨,营业总收入 5522 亿元,利润总额 345.3 亿元,经营规模和盈利水平位居全球第一,位列《财富》世界 500 强第 111 位。2020 年,中国宝武钢产量突破 1 亿吨。[②]而中

---

① 孟庆俊:《浅谈当代中国企业文化的基本特征》,《胜利油田党校学报》2001 年第 1 期(总第 62 期),第 69—70 页。

② "中国宝武钢铁集团有限公司",载宝武集团网,http://www.baowugroup.com/home#/aboutus/140。

国宝武前身之一的宝钢集团,它的企业文化内容为:"严格苛求"是企业发展的基础,严格苛求文化是一种实干和从严的文化,是一种基本的态度取向;"学习创新"是企业发展的关键,学习创新文化是一种对外开放、崇尚科学、自主发展的文化,是一种充满时代气息的开拓性文化;"争创一流"是企业发展的动力,争创一流文化是一种面向全球,为民族复兴而追求卓越的文化,是一种高层次的激励文化。①

改革开放后,中国企业有了更多学习、借鉴和吸收外来文化的机会,包括学习和吸收外资企业文化及其精髓。中国企业文化热潮也应运而生。我国企业文化热潮的兴起,是当今经济和科技日趋加剧的国际大趋势在中国的必然反映,是社会主义市场经济体制的内在要求。考察世界上成功企业的背后,无不具有一套各具特色和较为成熟的企业文化。企业文化是推动企业进步和发展、提高企业素质、增强企业活力、建立现代企业制度的根本动力。②今而,虽然在具体层面上,不同中国企业的企业文化是绚丽多姿,异彩纷呈,然而,不容否认的是,中国企业文化确有其共性和特质,并且能通过中国企业员工折射和反映出来。

关于中国企业文化的共性和特质,或许可以有多种方式加以归纳和概括。有人认为中国企业文化主要特质表现在以下几个方面。(1)提倡艰苦创业:自力更生,艰苦奋斗,埋头苦干,发奋图强;迎难而上,勇争一流,自强不息,勤俭节约。(2)人本主义:以人为本,体现在选人、用人、育人、爱人等方面;重视人才,讲究用人之道;体现"人和""亲和"精神,吸收员工参与管理,强调培养主人翁意识;强调"天人合一"、中庸平和。(3)重情重义:尊重人格,促进沟通,实施心理影响,施以"人性化管理",把"义"作为职业道德、信誉投资、责任和义务,让利于顾客、伙伴、员工;具有"家理念",爱厂如家,建立顺畅的人际关系,培养团队精神,内聚而不排外,外争而不无序。(4)提倡集体主义和全局观念:决策注重集体主义,集思广益,形成群体决策;推崇"群体至上""集体利益大于个人利益",注重全局观念、整体和谐。(5)重教化:重视教育培训,捐资助学,出资办学。(6)敬业报国:爱岗敬业,实业报国,服务社会,以国家利益为重,讲究大局,勇于承担社会责任。③

还有人这样概括中国企业文化的特征:时代与传统并存、政治与文化互融、

---

① 《中国五百强企业　企业文化精粹》,载道客巴巴网,https://www.doc88.com/p-7844337861802.html。
② 孟庆俊:《浅谈当代中国企业文化的基本特征》,《胜利油田党校学报》2001年第1期(总第62期),第69页。
③ 《企业文化之四大源流——美国企业文化、日本企业文化、欧洲企业文化、中国企业文化》,载道客巴巴网,https://www.doc88.com/p-7894755928256.html。

中西文化交臂、共性个性统一、个性凸显群体、社会/自然属性兼备、继承/创新并举。①凡此种种，不一而足。总的来说，中国企业文化大多包含爱国爱民、服从大局、艰苦奋斗、自强不息、敬业奉献、钻研业务、团结友爱、恪守纪律等方面的内容。

中国企业文化兼有的另一方面的特点是，主张上下同甘苦、共患难，注重内部协调与配合，开展职工思想政治工作，关心职工的文化生活、娱乐生活和体育生活，等等。中国企业文化的某些方面，与许多西方国家的企业文化相比，确实存在着较大差异。例如，以企业经营方与工会之间的关系为例，二者在不少国家的企业是相互对立的关系，而在中国企业却不是这样。因为在中国企业文化的认知中，二者是相互支持、相互配合的。所以，中国企业的工会时常会组织员工提合理化建议、开展劳动竞赛等。

从总体上来说，我国企业的价值观、主体意识以及反映这种价值观的企业宗旨、行为准则、行为规范和行为方式，都充分体现了社会主义原则，为社会主义物质文明和精神文明建设服务，以发展社会主义为根本目的。②

四、 中国企业进驻非洲

非洲是发展中国家最集中的大陆。尽管非洲长期落后，但这个年轻的大陆平均年龄约为 20 岁，已成为数字和移动领域热切的采用者和创新者。同时，非洲在人力成本的优势上非常突出，和很多老龄化趋势明显的国家正好相反，人口学家预计到 2035 年，非洲会比 2018 年增加 1 亿符合工作年龄的劳动力人口。这片土地不仅拥有巨大的潜力，而且已经有比想象中更多的全球大公司进驻。中国也有诸如传音手机、四达传媒等企业在非洲大放异彩。③

中国和非洲经济互补性强，双方在产业结构、市场需求、要素资源等方面各具优势，14 亿人口的中国市场和 12 亿人口的非洲市场发展潜力巨大，经贸合作基础坚实、动能强劲。在论坛务实合作举措的引领下，中非经贸合作蓬勃发展，实现了历史性跨越，奏响了发展中国家团结合作的华彩乐章。合作规模持续扩

---

① 孟庆俊：《浅谈当代中国企业文化的基本特征》，《胜利油田党校学报》2001 年第 1 期（总第 62 期），第 69—72 页。

② 孟庆俊：《浅谈当代中国企业文化的基本特征》，《胜利油田党校学报》2001 年第 1 期（总第 62 期），第 70 页。

③ 王爽：《百万中国人在非洲创业，中国企业如何在非洲赢得胜利？》，载腾讯网，https://new.qq.com/rain/a/20200828A02AVU00。

大。中国已经连续 11 年成为非洲的第一大贸易伙伴国,非洲已成为中国企业的新兴投资目的地。2019 年,中非贸易额 2087 亿美元,是 2000 年的 20 倍。中国对非洲直接投资存量 491 亿美元,是 2000 年的 100 倍。[①]

非洲也是充满机会和希望的大陆。麦肯锡研究院对 1000 多名来自全球的高管进行跟踪采访,大多数人都认同非洲市场潜藏巨大机会。而在与非洲有密切经济往来的国家中,中国算得上是非洲最重要的经济伙伴。根据官方数据显示,过去 10 年来,中国一直是非洲最大的贸易伙伴,截至 2018 年底,已有 3700 多家中国公司在非洲开展业务。[②]

随着中非经贸关系的不断发展,"一带一路"向非洲的延伸,越来越多的中非经贸合作项目在非洲落地生根,越来越多的中国企业前往非洲拓展业务,或是与非洲的合作伙伴成立合资/合作公司。由于非洲经济的快速发展,工程承包市场不断扩大,非洲已成为中国对外承包工程的主要市场。基于友好的政治关系和较强的产业互补性,非洲一直是中国对外承包工程的第二大市场。以中国最大的工程承包商中国建筑为例,截至 2018 年 8 月底,中国建筑在非洲市场收获的"项目清单"不断拉长:科特迪瓦投建的重大工程阿比让四桥项目顺利开工,埃及新首都中央商务区项目筹备工作紧锣密鼓地进行,中建安装中标肯尼亚最大的综合体项目中航 GTC 项目的机电工程,中国援助厄立特里亚太阳能光伏项目竣工,刚果(布)恩卡伊机场及连接线项目通过竣工验收……[③]

五、 中国企业文化在非洲

在非洲任何一家中方投资的工厂或施工工地上,都能看见大量非洲员工。例如,当地员工在贸易行业中占 82%、在制造行业中占 95%,但管理层却还是中国人的天下。麦肯锡的数据显示:在非洲的中国企业,平均只有 44% 的管理人员是非洲本地人。但在少数中国企业中,本地管理人员已经提高到 80% 左右。[④]

---

① 钟山:《共同谱写新时代中非合作论坛新篇章》,载人民日报 2020 年 10 月 16 日 10 版。
② 王爽:《百万中国人在非洲创业,中国企业如何在非洲赢得胜利?》,载腾讯网,https://new.qq.com/rain/a/20200828A02AVU00。
③ 《中国对外承包工程企业跨步"走进非洲"》,载搜狐网,https://www.sohu.com/a/252009979_275039。
④ 王爽:《百万中国人在非洲创业,中国企业如何在非洲赢得胜利?》,载腾讯网,https://new.qq.com/rain/a/20200828A02AVU00。

在非洲许多国家和地区,无论是中资企业/公司,还是中方企业/公司承建或参与承建的工程项目,都有来自中国的员工。这表明中方企业的员工也已走进非洲,走进非洲社会和非洲百姓之中。他们或是管理者、技术人员,或是其他员工等。他们在把技术、管理和经验带到非洲的同时,也将中国企业文化带到了非洲。他们的非洲合作伙伴和非籍员工,以及他们所置身的非洲社会,能从他们身上感受、了解和认知中国企业文化,以及相关精神和理念。

中国企业文化进入非洲,并在那里"落地生根、开花结果",这不难从某些中资企业的工厂、车间和工地等的标语上得到反映和印证。在埃塞俄比亚的东方工业园,有一家名叫华坚鞋业集团的中国企业,其厂房、车间内就张贴着许多用中文和阿姆哈拉文书写的、反映华坚鞋业集团企业文化的标语和口号等,如"坚持是效益""迟到是耽误""准时是诚信"等。还有,在华坚国际鞋城(埃塞俄比亚)有限公司,"几千个非洲工人上班前用中文同唱《团结就是力量》已经成为中非民心相通的温暖画面"。①在非洲其他国家和地方的中资企业、中非合资/合作企业,包括由中国企业承建项目的工地上,类似场景和现象也颇为常见。

中国企业文化在助力企业发展和项目建设的同时,还使非方员工受益,并对他们的业务成长和素质提升产生积极效果。中国交通建设股份有限公司第一公路工程局海外东非公司亚的斯亚贝巴分公司工程部部长兼道路设计总工程师,是一位名叫塔迪尤斯的埃塞俄比亚小伙子。他在与中国同事的共事过程中,也被中国人勤劳、务实和友好的精神感染。2010 年,亚的斯亚贝巴博莱国际机场的跑道改扩建项目,塔迪尤斯带领团队只用了三个月就将此项目需要的施工图纸基本完成。非洲小伙带领的团队跑出了"中国速度"。塔迪尤斯还希望把中国企业文化推广到更多地方。他说:"跟中国同事在一起工作学习,最令我钦佩的是,中国同事身上那种敬业、勤奋、高效、务实的工作精神和出色的业务能力。我认为这是中国现在能取得举世瞩目成就的主要原因。"②

进入非洲的中国企业文化,无论是以哪种方式表现出来,或是大张旗鼓,或是潜移默化,都在以特有的方式为企业发展、项目建设和员工素质的提高作着贡献。中国企业文化进入非洲,既是自身价值的体现,也是自我发展、自我完善的过程和机遇,同时还能使非方伙伴、非籍员工等了解、学习和借鉴。所以,中国企

---

① 江丛干、柳斌:《华坚集团:在非洲写下"一带一路"佳话》,载中华工商时报 2019 年 5 月 10 日 1 版。

② 《青春路上有你相伴——非洲青年借力中国企业圆梦》,载新华网,http://www.xinhuanet.com//world/2016-05/04/c_1118803370.htm.

业文化进入非洲,其积极作用和正面效应是不容否认的。

六、 中国企业文化进入非洲的作用

(一) 有助于非洲分享中国发展的经验

中国改革开放以来取得的巨大成就,中非友好合作关系的持续发展,特别是中非经贸关系的扩大和深化,使得越来越多的非洲国家对中国、对中国的发展经验产生了越来越浓厚的兴趣,出现了所谓"向东看"的现象,其中就包括希望学习和分享中国的发展经验。中国企业文化进入非洲,并为非方伙伴、非籍员工所了解、学习和借鉴,这也是一种非洲分享中国发展经验的行之有效的方式。

(二) 有助于在非相关项目的落实推进

新世纪以来,中非合作论坛和"一带一路"倡议,推动着中非经贸合作不断向广度和深度发展,越来越多中非合作项目出现在非洲的城乡各地。它们关乎非洲的发展和进步。因此,中国企业文化进入非洲,对于中非合作方之间、中非员工之间的相互理解和相处共事,以及相关项目的顺利建设和推进,一定是有所助益的。

(三) 有助于中国企业文化的发展完善

不可否认,中国企业文化在诞生、发展和完善的过程中,曾经学习、吸收和借鉴过西方企业文化和西方文化中可供借鉴的部分。同样,中国企业在非洲生存和发展,需要了解和感受非洲企业文化和非洲文化,从中可以学习和借鉴对自己有益的部分,并将其运用到中国企业文化的发展和完善之中,增强自身的竞争能力,进而开拓非洲,发展壮大。

(四) 有助于推进中非经贸合作的发展

事实表明,中国企业文化不但进入了非洲,而且能够适应非洲的环境,还能在那里发挥出积极作用和正面效应,特别是在推进中非经贸合作方面。而今,中非产能合作正在成为中非经贸合作的新亮点,相信中国企业文化将继续发挥其独特和重要的作用,不断推助中非产能合作和中非经贸合作向前发展。

七、 相关政策建议

(一) 要对中国企业文化进入非洲予以认可

中国企业文化包含有中国传统文化中的积极因素,借鉴和吸收了外部文化/外部企业文化中优秀的部分,不仅对中国企业的发展壮大和中国经济的快速成长功不可没,也在为中非经贸合作发挥着积极作用。非洲方面也可以从中国企业文化这个侧面,学习和分享中国的发展经验。因而,中国企业文化进入非洲具有积极作用和正面效应,应该予以充分认可。

(二) 要开展相关交流活动和专题研究

中非双方的学术界和有关方面,包括智库的专家学者和企业界管理人士等,可以就中国企业文化和非洲企业文化,以及中国企业文化在非洲的传播,还有中非企业文化的交流互鉴等议题,开展相关交流活动,如研讨会、座谈会和论坛,以及培训班、讲习班等。还可以就这方面的相关专题开展研究。这对促进中非双方企业文化的发展和提高,推动中非经贸合作,增进中非人民之间的相互了解,加强中非传统友好关系,必将是非常有利的。

(三) 要为中国企业文化进入非洲助力

中国企业文化进入非洲,是中非双方的利好之事。它不仅有利于中国企业在非洲发展,推动中非经贸合作,也有利于非洲分享中国的发展经验,以及非洲的经济发展和社会进步,包括非洲企业文化的发展和完善等。有必要为中国企业文化进入非洲助力。为此,可以开展形式多样的推介活动,如举办相关讲座和宣传之类,向非方合作伙伴、非籍员工等做专门介绍。在这方面还可以发挥非洲媒体的作用。

(四) 要切合非洲实际推介中国企业文化

中国企业文化进入非洲,尽管表现出能够适应非洲一面,并且正在为中非经贸合作发挥着积极作用,但是,在种族、民族、文化和传统等方面,非洲与中国毕竟存在着这样或那样的不同和差异。某些在中国适合的东西,在非洲就不一定适用,或是一时难以适应,甚至有可能会"水土不服"。所以,向非洲推介中国企业文化时,应该切合非洲当地实际,根据具体国情、合作伙伴/对象和员工等因势利导,因地制宜,这样才能"接地气",发挥出应有作用。

(五) 要借助现代传播手段推介中国企业文化

随着科技的发展,现代传播手段和方式具有方便、准确、快捷,以及成本低廉和效果良好等特点和优势,尤其是网络传播,因而被广泛运用。所以,中国企业文化的推介、中非企业文化的交流,以及为此而举办的交流会、研讨会和论坛等,也可以借助包括网络在内的现代传播手段和方式,进而起到事半功倍的效果。

八、 结语

企业文化是推动企业进步和发展、提高企业素质、增强企业活力、建立现代企业制度的根本动力。中国企业文化确有其共性和特质,并且能通过中国企业员工折射和反映出来。中国企业文化进入非洲,既是自身价值的体现,也是自我发展、自我完善的过程和机遇,同时还能使非方伙伴、非籍员工等了解、学习和借鉴。它有助于非洲分享中国发展的经验,有助于在非相关项目的落实推进,有助于中国企业文化的发展完善,有助于推进中非经贸合作的发展。因而,要对中国企业文化进入非洲予以认可,要开展相关交流活动和专题研究,要为中国企业文化进入非洲助力,要切合非洲实际推介中国企业文化,要借助现代传播手段推介中国企业文化。

中埃共建"一带一路":动因、成就与挑战[①]

余建华

摘　要:中国与埃及同为具有悠久历史的文明古国。两千多年来,陆海丝绸之路就成为中埃友好交往的合作桥梁。19—20世纪中埃人民在民族解放斗争中同仇敌忾、同舟共济。1956年中埃建交开启了中国与阿拉伯世界和非洲国家外交新纪元。随后埃及始终是中国在非洲和阿拉伯世界最重要的战略依托之一。2014年两国关系提升为全面战略伙伴关系,双方达成两国发展战略和愿景对接的共识,决定通过基础设施建设和产能合作两大抓手,将埃及打造成"一带一路"沿线支点国家。这是两国在传统友好合作基础上顺应时代潮流、符合现实需要的必然战略抉择,契合两国在迈向民族复兴关键新时期以互利合作实现共同发展、再现文明辉煌的宗旨与愿景。近年来两国在推进"一带一路"与埃及"2030愿景"对接上成就显著。2020年新冠肺炎疫情后,双方患难与共的兄弟情谊在合作抗疫中进一步体现。有理由认为,共建"一带一路"的深入可持续发展,有助于中埃全面战略合作的继往开来,将双边关系打造成中阿、中非命运共同体先行先试的样板,更好服务于两国民族复兴伟业与人类文明发展。

关键词:中国;埃及;丝绸之路;"一带一路";命运共同体

作者简介:余建华,上海社会科学院国际问题研究所副所长、研究员

两千多年前,中埃两大文明古国就以丝绸之路为纽带,建立了源远流长的友好交往。1956年埃及成为与新中国建交的首个非洲和阿拉伯国家,开启了中国与非洲国家和阿拉伯世界外交新纪元。随后埃及始终是中国同发展中国家外交

① 本文系国家社科基金重要国家和区域重大研究专项(21VGQ009)成果。

最重要的战略合作伙伴之一，也是当今中国与沿线国家共建"一带一路"最为重要的战略支点之一。

一、 中埃关系的历史回顾

中国与埃及同为具有悠久历史和灿烂文化的文明古国。虽然远隔千山万水，相互间的关系却是经过几千年的积淀。张骞通西域后，丝绸之路既促进了中国的丝织、瓷器制造技术和造纸术、指南针、火药三大发明的西传，也推动了古代埃及的制糖技术、琉璃和医学的东传。唐宋元明时期的中国与埃及政治、经济交流更为直接与密切。19—20 世纪虽然埃及和中国日益沦为西方列强的殖民地和半殖民地，但双方间仍有人员往来、文化交流和贸易交往，同时两国政治家均指出两国人民要团结起来共同开展反帝斗争。

由此，以丝绸之路为纽带的中埃两大古老文明之间源远流长的友好往来，中埃人民在民族解放斗争中的患难与共，为中埃建交奠定了坚实的历史基础。

作为亚非发展中世界的重要强国，埃及同时拥有非洲、阿拉伯和伊斯兰世界大国的多重身份。两千多年前，中埃两大文明古国就以丝绸之路为纽带，建立了友好交往。1956 年埃及成为与新中国建交的首个阿拉伯国家兼非洲国家，开启了中国与非洲和阿拉伯世界外交新纪元。随后埃及始终是中国同发展中国家外交最重要的战略合作伙伴之一。1999 年 4 月，两国建立战略合作关系。2014 年 12 月又进一步升格为全面战略伙伴关系。自万隆会议半个多世纪以来中国的亚非外交进程中，包括中非、中阿合作论坛及中非、中阿全面战略合作伙伴关系的建设发展，埃及与中国相互支持、默契合作，殊功至伟。当今埃及还是我国与沿线国家共建"一带一路"最为重要的战略支点之一。

的确，肇始于十年前的"阿拉伯之春"也把阿拉伯和非洲大国埃及拖入乱局，尤其是 2011—2013 年埃及的政局更替动荡，造成埃及综合国力和国际地位严重受损。2014 年阿卜杜勒·法塔赫·塞西就任总统以来，埃及逐渐走出动荡漩涡，初步形成政治稳定、经济发展和外交恢复的良好局面。就在塞西当选总统半年后，塞西总统应邀访华期间，"鉴于两国高水平的双边关系，在 1999 年宣布建立的战略合作关系基础上，基于两国对发展友好合作关系的积极取向和把这一取向通过有效机制转化为务实成果的意愿"，两国元首决定将双边关系提升为全面战略伙伴关系，并将之明文载入 2014 年 12 月 23 日两国元首签署的中埃两国

《关于建立全面战略伙伴关系的联合声明》。这是标志两国各领域合作迈上更高水平的一个重要里程碑。

在 2014 年 12 月这次塞西总统访华期间,习近平主席与塞西总统会谈中提出,中方愿意将共建丝绸之路经济带和 21 世纪海上丝绸之路的倡议同埃方重大发展规划对接,加强基础设施建设、核电、新能源、航天等领域合作,并辅之以适当的投融资安排。塞西则表示,习近平主席提出共建"一带一路"的倡议为埃及的复兴提供了重要契机,埃方愿意积极参与并支持。埃方希望同中方合作开发苏伊士运河走廊和苏伊士经贸合作区等项目,创造更好条件,吸引中国企业赴埃及投资。在上述联合声明中,两国明确在经济、贸易和投资领域,双方商定"将继续本着互利共赢原则开展务实合作,不断充实合作内涵,全面深化合作,实现两国的共同发展"。"埃方强调,中方提出的共同建设丝绸之路经济带和 21 世纪海上丝绸之路的倡议具有重要意义,符合两国的未来合作利益。双方愿共同探讨在此框架下的合作。中方支持埃及政府的经济振兴计划,特别是开发苏伊士运河走廊等国家重大项目和重要建设规划。双方同意继续在两国经贸合作框架下努力推动埃及苏伊士经贸合作区加快发展,继续鼓励和支持有实力的中国企业赴埃及投资兴业,参与实施大型项目,积极推动在电力、太阳能和风能等新能源和可再生能源、铁路、公路和港口等基础设施、农业、制造业、银行、质检和航天卫星等领域的合作。"

中埃双方共建"一带一路"合作是两国在传统友谊基础上,顺应时代潮流、符合现实需要的必然战略抉择,契合两国在迈向民族复兴关键新时期以互利合作实现共同发展的外交宗旨与目标。

二、 新时期中埃合作的国际背景

从时代潮流和国际大背景来看,21 世纪初以来,国际形势正经历复杂深刻变化,世界进一步向国际格局多极化演进,经济全球化深入发展,新兴市场经济体和发展中国家实力增强,以改革开放后的中国为代表的新兴发展中大国和平崛起。伴随 2008 年国际金融危机后世界经济的艰难复苏进程,百年来一直由西方大国主导国际政治经济新秩序的世界局面正在发生根本性变革,和平合作、开放融通、变革创新已成时代潮流,谋求更加平衡、充分和更具有可持续性的发展越来越成为世界各国追求的根本目标。正是在这今天被称为"世界百年未有之变局"的国际大背景下,"一带一路"的合作构想和倡议成了中国特色大国外交的重中之重。这一重大倡议,传承和弘扬"和平合作、开放包容、互学互鉴、互利共赢"的丝绸之路精神,在共商、共建、共享的原则上致力于在亚欧非大陆及附近海洋构建全方位、多层次、复合型的互联互通网络,在沿线国家推进和加强政策沟通、设施联通、贸易畅通、资金融通、民心相通的合作伙伴关系网络。这一倡议致力于拓展中国同欧亚非大陆多国方向的国家各领域互利合作,致力于推进沿线国家发展战略的相互对接和经济一体化,显示了中国在力所能及的能力范围内利用自身在基础设施建设和金融资源方面的优势承担更多责任和义务,将进一步加速沿线国家的共同崛起,促进更具包容性、开放性、平等化的全球化进程,自然获得包括埃及等亚非各国在内的国际社会的广泛关注和响应。

埃及所处的西亚北非地区在中国推行"一带一路"倡议的实践中有着特殊的重要性。在古代,这里是中国经海陆丝绸之路开展经济文化交流主要对象和目的地。"丝绸之路"精神的形成在很大程度上就源于古代中国与中东地区民族和国家的和平友好交往。在新的历史条件下弘扬和发展这一精神,对中国与亚非国家新型伙伴关系发展,乃至在更大范围内践行这一精神,具有不容低估的重要时代意义。埃及是世界上最重要的文明古国之一,地处亚欧非三大洲交界处,自古以来就是连接东方与西方、亚欧大陆与非洲大陆的交通和贸易要道,苏伊士运河走廊是连接南海、印度洋至红海、地中海的海运枢纽,埃及不仅是历史上陆海丝绸之路交汇的重要节点(中国人从都城长安出发,穿越帕米尔高原到波斯湾,或经陆路到埃及;或走海路出波斯湾,经红海到埃及),而且在今天也是"一带一路"交接的战略支点国家。"一带一路"的建设布局中,埃及地处北非,对非洲和西亚地区有引领和辐射作用。无论是"中国经中亚、西亚至波斯湾、地中海",还是"从中国沿海港口过南海到印度洋,延伸至欧洲",埃及都有枢纽作用,完全可以成为中国与沿线国家推进"一带一路"建设的重要合作对象。对中国而言,埃及这一世界文明古国与中国拥有源远流长的悠久文明交往,近现代民族自由和解放运动中休戚与共、同舟共济的深厚兄弟情谊。而且半个多世纪以来,埃及以其独特的地缘战略位置和多重身份属性,历经时代风云考验,成为中国在非洲和阿拉伯世界最重要的战略伙伴之一,在改善两国国际环境、开拓与发展中国与亚非世界友好关系以及南南合作等方面发挥着独一无二的重大而独特作用。

对埃及而言,一方面其和广大中东国家一样,面对社会经济形势严峻、新旧冲突热点频涌、处于世界全球化与现代化边缘滞后不利地位的地区格局,"向东看"拓展东向合作,与蓬勃发展的中国建立更加紧密的经济纽带,借鉴中国改革开放的成功发展经验,搭上其经济腾飞的快车,无疑成为埃及趋利向好的战略选择。埃及无奈卷入中东乱局的一大根源就在于现代化进程受挫带来的发展问题、民生问题导致的积贫积弱。埃及这样人口众多而资金匮乏的国家迫切需要通过吸引外资、大力加强基础设施建设来推动经济发展,舒缓就业民生压力。中国在常规制造和建造方面的突出能力,以及中国充裕的国民储蓄和外汇储备,正是埃及所迫切需要的。2014年12月塞西总统访华期间介绍了埃及正在雄心勃勃地规划的国家发展战略,包括苏伊士运河扩建、运河走廊开发、南北高铁建设等一系列重大项目及规划。这和习近平主席提出的中阿共建"一带一路"宏伟构想以及李克强总理提出的中非合作建设三大网络(高速铁路、高速公路和区域航空网络)等重要规划高度契合。塞西表示,习近平主席提出共建"一带一路"的倡议为埃及的复兴提供了重要契机,埃方愿意积极参与并支持。埃方希望同中方合作开发苏伊士运河走廊和苏伊士经贸合作区等项目,创造更好条件,吸引中国企业赴埃及投资。在2015年埃及经济发展大会上,埃及推出了各个领域的50个大型投资项目,包括在开罗附近建设埃及新行政和商业首都等。在会上,埃及总统塞西指出,埃及需要约2000到3000亿美元的外国投资用于经济建设。经历2011—2013年动荡乱局的重创,埃及经济下滑、社会失稳、国力受损,参与地区事务的行为能力和国际影响力大受制约与萎缩。塞西总统当政后,领导政府致力于民族复兴事业,迈开政治、经济和社会层面的改革步伐,将国家发展作为治国理政的首要任务,设立一系列国家发展项目,制定与实施促进国家整体发展、以实现有利于所有埃及人美好生活的可持续发展为目标的埃及"2030愿景",十分自然地与中国倡导的"一带一路"倡议契合对接,更好保障两国互利合作、共同发展的全面战略伙伴关系的健康持久发展。

三、 新时期中埃合作的成就

基于上述"百年未有世界变局"的国际背景与双边合作的强劲动力,中埃继续本着互利共赢原则开展务实合作,不断充实合作内涵,全面深化合作,在共建"一带一路"进程中迈开积极步伐,取得一系列令人欣慰的可喜成果。在此,我们以政策沟通、设施联通、贸易畅通、资金融通、民心相通五方面加以考察。

（一）频繁互信的高层往来与政策沟通

如上所述，塞西总统在其当政当年（2014 年）的 12 月首次访华期间，两国不仅宣布将双边关系升格为全面战略伙伴关系的历史性决策，而且两国还达成将共建"一带一路"与埃及的国家发展战略对接合作的战略共识，并在签署的联合声明中明确规划了双方在共建"一带一路"框架下的合作内容。这次访问被国际舆论称为"塞西访华开启中埃关系新时代"。随后塞西总统又在 2015 年 9 月至 2019 年 4 月间先后五次访华（2014 年 12 月，2015 年 9 月，2016 年 9 月，2017 年 9 月，2018 年 9 月，2019 年 4 月），包括两次亲自参加"一带一路"国际合作高峰论坛，其访问达到每年一次的高频率。同时近年来埃及总理马德布利（2018 年 11 月），议长阿里（2019 年 6 月），外长舒克里（2018 年 7 月）也先后访华。在中埃建交 60 周年的 2016 年 1 月习近平主席应约对埃及进行成功访问，中埃发表关于加强全面战略伙伴关系的五年实施纲要。2020 年 3 月 23 日两国元首又进行合作抗疫的电话交谈迄今两国元首已实现 9 次会晤。此外，包括国家副主席王岐山、全国政协主席汪洋等国家级领导人也先后访问埃及，作为习近平主席特别代表、中共中央政治局委员、中央外事工作委员会办公室主任杨洁篪和国务委员兼外交部部长王毅更是数次访问埃及。可以说，双方高层通过频繁互访，建立了深厚友谊和牢固的政治互信。两国也签署了有关"一带一路"的一系列重要文件，包括两国政府关于共同推进"一带一路"建设的《谅解备忘录》（2016 年 1 月）以及《关于苏伊士运河经贸合作区的协定》等。

（二）成果丰硕的基础设施互联互通

两国在基础设施互联互通建设的合作方面取得显著进展。中埃之间有便利的航空与海运通道。中埃间开辟的直航客运航线有四川航空的成都—开罗航线、埃及航空的开罗—北京和开罗—广州航线、埃及休闲航空的阿斯旺—北京和阿斯旺—上海航线等。广州、上海、宁波、青岛、天津等港口也均有往返埃及亚历山大、塞得港、达米埃塔的海运货船。中航国际公司承担"斋月十日城"市郊轻轨建设项目。2015 年《中埃产能合作框架》正式签署。2017 年中国电力技术装备有限公司签约埃及国家电网 500 千伏输电线路建设项目并得以顺利执行。在埃及 EETC500 千伏主干网升级改造输变电工程建设中，作为电网工程行业领先的综合解决方案总承包商，中电装备公司全盘统筹工程 15 条输电线路的建设，统筹调拨各条线路的工程物资、力量和资金投入,最大程度地优化工程质量、标准控制、成本管理,有效提升了尼罗河三角洲地区的电力供应能力,为埃及工业和经济发展增添动能,推动中国与埃及的电力能源合作进入新阶段。该工程已成为第一个中国—埃及产能合作取得成果的项目,成为中国企业"走出去"的典范,为中埃共同落实"一带一路"倡议提供了样板。而两国在通讯领域的联通建设合作也大步迈进。华为手机在埃及市场占有率位居首位,中国联想、OPPO、传音手机的市场占有率也位居前列。作为全球通讯技术领先巨头企业,华为公司已在开罗设立了北非开放实验机构,积极拓展智能电网、智慧城市和智慧政务等业务合作。

(三) 密切务实的贸易投资合作

中国已连续多年成为埃及最大贸易伙伴和进口来源地。2006 年 11 月,埃及宣布承认中国完全市场经济地位。近年来,两国政府积极鼓励和推动双方企业扩大经贸合作,双边贸易持续发展。2013 年中埃贸易额首次突破百亿美元,达 102.13 亿美元。2019 年双边贸易额 132 亿美元,同比下降 4.5%,其中我国出口额 122 亿美元、同比增长 1.8%,我国进口额 10 亿美元、同比下降 45.5%。我国向埃主要出口机电产品、高新技术产品和纺织服装等,自埃主要进口原油、液化石油气和农产品等。

中埃两国在工程承包和投资建设合作领域不断拓宽。2017 年中国企业在埃及新签工程承包合同 33 份,金额 16.05 亿贸易,完成 15.42 亿美元。其中包括华为公司承建埃及电信、中国建筑工程总公司承建埃及新首都建设项目、中石油西部钻探工程有限公司承建埃及钻井项目。

为落实"一带一路"与埃及"2030 愿景"对接合作,中埃政府积极推进苏伊士经贸合作区共建项目,由中国天津泰达投资控股有限公司在埃及成立的埃及泰达投资公司负责开发建设。到 2019 年初,在 1.34 平方公里的起步区(第一期)和 6 平方公里的扩展区(第二期)内吸引企业包括银行、保险、物流、广告、设计等近 80 家,实际投资额和销售额均超 10 亿美元,上缴税收累计 10 亿埃镑,直接为当地提供就业岗位 3500 多个,产业带动就业约 3 万人。其已成为中国企业以"产业园区投资模式"开拓国际市场的重要样板,不仅是中国企业"走出去"的成功代表,也为埃及提高技术装备、开拓国际市场、增加就业带来积极收益。

正如 2014 年 6 月中阿合作论坛第六届部长级会议习近平主席倡议——中

国同阿拉伯国家共建"一带一路"的"1＋2＋3"的合作格局为阿方热情响应，中埃"一带一路"合作不仅以基础设施建设、贸易和投资便利化为两翼，而且将核能、航天卫星、新能源三大高新领域作为新的突破口。2014 年 12 月塞西总统首次访华期间，两国即已签订涵盖铁路、电力、核能和可再生能源、航天卫星、发展援助等领域的一系列合作文件。同时签署的中埃联合声明指出，双方同意加强在卫星研制、卫星发射、航天测控、卫星应用、数据共享等领域的合作，进一步提升双方在航天领域的合作水平，实现航天技术领域的互利，造福两国人民。中方支持埃及发展遥感和通信卫星的计划，支持埃及的航天能力建设。埃及二号卫星是继埃及卫星总装集成测试中心项目后，中埃在航天领域开展的又一重大合作项目，该项目包括一颗小型遥感卫星、一个地面测控站和一套地面应用系统。卫星的设计工作在中国和埃及同步进行，组装工作在中国援建的埃及首个卫星总装集成测试中心进行。2018 年 8 月中埃签署立项换文。2019 年 1 月，埃及二号卫星实施协议在埃及首都开罗签约。2019 年 9 月，埃及航天局在位于埃及新行政首都附近的航天城举行仪式，宣布由中国援助的埃及二号卫星项目启动。项目建设方为中国航天科技集团有限公司所属的中国空间技术研究院。该项目将加强埃及航天技术能力建设，为埃中进一步深化科技合作奠定基础。中埃双方在卫星领域的合作创下了四个"第一"：埃及是第一个在"一带一路"倡议框架下和中国开展卫星合作的国家；中国第一次为埃及援建一个完整的卫星总装集成测试中心；中埃双方第一次合作为埃及的航天专家和人才进行联合培训；项目完成后，埃及将成为第一个具有完备的卫星总装集成测试能力的非洲国家。2016年"中埃可再生能源国家联合实验室"在开罗揭牌。

(四) 稳中有进的资金融通合作

两国共建"一带一路"开展以来，中埃金融合作不断推进，有效缓解双边经贸合作中的资金问题。这些年来埃及政府大力改善投资环境，修订投资法，中资企业对埃及投资意向持续增强。2013 年中国对埃及直接投资为 2322 万美元，2017 年提升到 9276 万美元。2018 年 1 月到 9 月中国对埃及非金融类直接投资额为 4512 万美元，同比激增 68.04％。截至 2018 年底，中国对埃及直接和间接的投资存量超过 70 亿美元，为当地创造了 1 万多个就业岗位。中埃经贸合作的良好态势离不开两国金融合作的有力支撑。2016 年两国央行签署双边本币互换协议，规模达 180 亿元人民币。截至目前，中国金融机构对埃及各类授信及贷款签约金额超过 70 亿美元。除本币互换和授信等合作外,人民币国际化在埃及也迈开步伐。2018 年中国国家开发银行与埃及央行和商业银行分别签署了 70 亿和 2.6 亿人民币贷款合同。人民币在埃及扩大流通,将有效降低汇兑风险,切实惠及两国企业和人民。

(五) 丰富多彩的民心相通工程

中埃两国均是拥有悠久灿烂文化遗产的文明古国。万里长城和金字塔共同见证了人类文明的奇迹。古丝绸之路成为联结中埃两国的重要纽带,谱写了相交相知友好往来的经贸和人文交流的辉煌篇章。而今建设"一带一路",根基在民心相通。按照 2015 年 8 月两国文化部签署的谅解备忘录,中埃双方在 2016 年成功互办文化年。2016 年 1 月,国家主席习近平和埃及总统塞西共同在卢克索出席中埃建交 60 周年暨中埃文化年开幕式活动。中国"高科技展"亮相开罗,高铁、北斗、核电、新能源、航空、卫星发射等行业展示让埃及民众对"中国制造"有了新的认识。年度近千架次的中埃直航航班让两国民众的往来更加便利通畅,使越来越多的中国游客把埃及列入了旅游计划。中国赴埃游客数量从 2003 年的 3.7 万、2015 年的 12 万增加到 2018 年的 50 万。埃及 1000 多名中文导游在向中国游客介绍埃及历史人文风貌的同时,成为中埃友好的民间大使。中国影视作品《金太狼的幸福生活》《媳妇的美好时代》《王昭君》等也在埃及走红。众多中埃优秀文学作品被互译为对方文字。中国作家鲁迅、矛盾、巴金等作品的阿拉伯语版本吸引着埃及民众,亚洲第一位诺贝尔文学奖得主、埃及文学界泰斗——纳吉布·马哈福兹的《宫间街》《思宫街》《甘露街》等二十多部作品的中文译本也深受中国读者喜爱。我们要紧跟时代发展步伐,不断丰富人文交流的形式和手段,扩大影响力和覆盖面。"中埃博览会走进埃及"活动也于 2016 年 5 月在开罗圆满举行。2017 年埃及成为在中国宁夏银川举办的中阿博览会主宾国。

2016 年中埃文化年共执行项目 100 个,其中在埃及举办 56 个,在中国举办 44 个。当年中埃双方签署关于高等教育合作、科技发展基金等 5 份教育科技合作文件,包括两国教育部《关于合作设立中埃交流专项奖学金项目谅解备忘录》等。两国在 1979 年首次签署中埃文化合作协定执行计划以来,每数年重新签署执行计划,目前正在执行的是《中埃两国政府文化合作协定 2019—2022 年执行计划》。青年是中埃友好的希望与未来。中埃共建"一带一路"合作十分重视发挥青年在人文交流中的引领作用。2016 年在华留学的埃及学生超过千人,而在埃及的中国留学生更是超过 2300 人。埃及已有 15 所大学开设中文专业，中埃共建 2 所孔子学院和 3 个孔子课堂，注册学员近 2000 人，"汉语热"风靡埃及。2016 年以来，中国为 2000 余名埃及政府官员和技术人员提供培训，并设立为埃及青年提供职业技术培训的"鲁班工坊"。两国还开展生机勃勃的友好城市建设。双方已结成天津—苏伊士、重庆—阿斯旺、苏州—伊斯梅利亚、宁夏—法尤姆等 17 对友好省市。近年来双方不时举办文化周、电影节、文物展、图片展等异彩纷呈的文化交流活动。两国在文化、艺术、教育、科技、新闻、旅游等领域的友好交流叠彩纷呈、交相辉映，开创了中埃人文交流的繁荣局面，架起两国共建"一带一路"的心灵桥梁。

四、 新时期中埃合作的挑战与应对

在看到中埃在两国领导高屋建瓴、积极引领下共同抓住机遇，加快对接协作，务实合作成果丰硕、前景广阔的同时，也要冷静正视双方在共建"一带一路"所面临的一些不利制约因素。

其一，来自埃及经济结构性缺陷的障碍。当今埃及存在着制造业弱化与对外依赖性的问题，自萨达特时代以来地租型产业成为国家经济支柱，运河收入、油气出口、旅游收入与海外劳工侨汇成为支持埃及国家财政的四大来源。这种地租型经济造成埃及结构扭曲化、实体经济边缘化，易受外部世界市场影响，时常导致由国家财政状况恶化的经济危机。与此相关埃及存在多年累积的结构性难题，包括债务问题、通胀问题、人口问题、失业问题、补贴问题等一系列关乎国计民生的经济顽症。

其二，埃及政治与社会存在不确定性和不稳定因素。尽管塞西当政以来已经扭转了"阿拉伯之春"引发的 2011—2013 年埃及政局变乱与动荡，但威胁埃及政治社会稳定的根源尚未消除。塞西政府面对的，不仅有上述经济危机与民生问题的困扰，还有来自国内外极端势力的暴恐威胁，遭受打压的穆兄会和其他国内反对派的抗议扰乱。

其三，中埃双边合作中面临的贸易失衡以及埃及投资环境问题，多年来中埃贸易中存在埃及对中国大额逆差的明显问题。中国对埃及的直接投资远远落后于欧美国家和海湾阿拉伯国家。埃及的投资营商环境也不甚理想，包括外企在埃及投资甚为脑痛、难以缓解与应对的埃方法律和偿付体系缺乏稳定性与透明度、外汇短缺、款项拖欠、违约频繁、清关不畅、贪腐成风、官僚僵化、限制过多等一系列难题与障碍。

其四，在国际体系转型和世界充满不确定性的大背景下，近来中美博弈升级扩展、新冠疫情流行也正在对中埃两国继续深化"一带一路"共建造成现实与潜在负面影响。

自2020年新冠肺炎疫情发生以来，中埃两国守望相助，共克时艰，不断深化两国抗疫合作。两国元首数次通话交流。塞西总统专门委派特使携抗疫物资访华。中方也多次向埃方捐赠防疫物资，提供最新版防控和诊疗方案，开展专家视频交流，援助口罩生产线、医疗器械，中国医院还同埃医院结成对口医院，为埃方抗疫提供支持和帮助。中方高度重视埃方迫切的疫苗需求，向埃及提供新冠疫苗援助，2020年12月，中埃签署《关于新冠病毒疫苗合作意向书》，积极推动相关机构加强在新冠疫苗研发、生产和使用领域的合作，推进中埃命运共同体和中埃卫生健康共同体建设。近期中国疫苗在埃及本地化生产项目已经灌装投产，短时间内即实现100万剂产量。埃及成为非洲第一个同中国合作生产新冠疫苗的国家。双方患难与共的兄弟情谊在并肩抗疫过程中得到充分体现，并且携手开展惠及第三方的国际抗疫合作。在日前两国外长会晤中，双方决定依托两国在埃及合作建立的新冠疫苗灌装厂，联合向加沙地带巴勒斯坦民众援助50万剂疫苗，以解当地民众当务之急。这是帮助巴勒斯坦人民抗击疫情的国际人道主义援助。

历经历史岁月与国际风云考验，今天两国已成为塞西总统所言的真正伙伴与可靠朋友。双方的合作领域宽广无限，合作前景光明美好。在国际事务中，双方也愿意加强协调配合，共同坚持和践行多边主义，反对单边主义和霸凌行径，保障全球治理改革朝着正确方向发展。我们完全有理由认为，当今中埃全面战略合作的继往开来，无论对双方推进国家治理现代化、更好维护两国核心利益，还是对引领中国与阿拉伯和非洲多边外交、推进"一带一路"共建深入可持续发展，乃至双方在国际热点问题上积极参与和切实贡献，推动国际体系与国际秩序朝着更加公正合理方向的变革完善，均具有不可低估的重要意义。路遥知马力，日久见人心。我们期待中国与埃及这对战略合作伙伴朝着构建中埃命运共同体目标共同努力，将双边关系打造成中阿、中非命运共同体先行先试的样板，更好服务于两国民族复兴伟业与人类进步事业。

研究生园地

开普敦城市经济发展模式探究[①]

石海龙

摘　要:开普敦历史上是由于地理大发现时期的新航路开辟而进入全球地理视野的,本身就是一个历史悠久的港口城市。开普敦港虽然规模不大,但对于开普敦城市的发展起到了不可忽视的重要作用。虽然随着航空事业的出现及发展,其港口的战略地位有所下降,但仍然对开普敦城市的发展有着不小的辐射延伸影响。作为国际知名旅游城市,旅游业已经成为开普敦城市经济中的支柱产业。旅游业规模的不断扩大,对于提升开普敦的国际地位,形成自己的城市品牌形象有着重要的推动作用。港口及其对开普敦沿海地区的再开发,使得该城市的前滨沿海地区成为城市旅游业中的重要一环,形成了港口—旅游互动型的城市经济,成为开普敦城市经济中的一道亮丽风景线。

关键词:开普敦;城市经济;城市发展;经济模式

作者简介:石海龙,曾在上海师范大学非洲研究中心攻读博士研究生,现为山东科技大学马克思主义学院讲师

开普敦这座城市充满着浓厚的殖民性色彩,其城市的建立与发展都与欧洲殖民者有着密切的联系。虽然从一些挖掘和考古过程中,可以发现这里曾经有人类居住过的痕迹,但在1486年葡萄牙航海家巴托罗缪·迪亚士(Bartholomew Diaz)到达此地之前,并没有明确的文献记载。1652年,荷兰人让·范里贝克(Jan van Riebeeck)率领船队在开普敦登陆,并将其建成一个转航亚洲的补给中转站,开普敦开始发展起来。背靠好望角,介于大西洋和印度洋之间,这些独特的自然环

---

① 本文为石海龙博士毕业论文的节选。本文为教育部人文社会科学研究项目"开普敦城市发展与融入'一带一路'研究"(项目号:22YJCZH146)、2021年度青岛市社会科学规划研究项目"一带一路影响下的青岛海洋中心城市建设研究"(项目号:QDSKL2101127)的阶段性成果。

境,使其可以成为国际旅游和可以吸引全球市场的多样化经济的主要地点。

一、 开普敦的港口经济

开普敦市通常被誉为"通往南非的门户",它的历史与港口的发展历史密不可分,与该国其他地区相比,开普敦具有独特的发展轨迹。尽管桌湾已有一万多年的历史,但直到1652年它才出现在国际视野中,成为荷兰东印度公司船只的食品和淡水供应站。其他殖民国家随后意识到这座距离好望角只有几公里城市的战略地位。在很长一段时间里,这座城市成了英国、荷兰和法国争夺海上控制权的战场。从1806年开始,大不列颠终于获得了对该港口的永久控制权。在当时,这座城市只有15000居民,而且其中大多数是奴隶。然而,开普敦港口仍然是荷兰人最初建造的唯一使其与其他港口不同的南非港口。当时南非的其他部分仍然分散于英国和荷兰的殖民地之间。开普敦直到第二次布尔战争(1899—1902)后才成为新的南非联盟的一部分。19世纪末,全球海上贸易呈指数增长,但开普敦港并没有随着这一机会发展起来。不过,由于南非发现了钻石,全国人口快速增长也促进了开普敦市人口的增加,出口贸易也有所增加。

第二次世界大战结束后,开普敦港迎来了迅速发展的时机,此时的开普敦成为了名副其实的港口城市。该市的工业发展与港口活动的发展紧密相关,这种协同作用使原材料的进口和成品的出口成为可能。例如,纺织业随着出口贸易的繁荣实现了快速增长。另外,港口基础设施的质量也使该地区的自然和农业资源(如水果和葡萄酒)的快速出口成为可能。根据1950年的《团体区域法》(Group Areas Act),开普敦市按照其居民的种族划分。有色人种和黑人人口不能正式进入某些社区。靠近海岸的大多数地区,例如海角的西蒙斯敦(Simon's Town)是专属于白人的,如果有色人社区与第六区的居民太接近白人地区,就会导致流离失所情况的出现。新兴的中央商务区也位于商业港口的前面,由白人保留和开发。这些措施都在很大程度上阻碍了港口贸易对工人的需求,不利于港口经济的发展。

如图1所示,开普敦港口的发展超出了维多利亚盆地(Victoria Basin)和阿尔弗雷德盆地(Alfred Basin),其基础是填海扩陆。到1945年,邓肯码头(Duncan Dock)的轮廓已完成。后来建造了本·舒曼码头(Ben Schoeman Dock),以适应集装箱货物运输的转变。

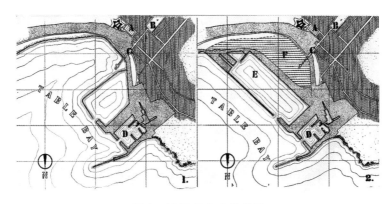

图 1　1945 年前后的桌湾

（一）南非国家运输公司管理下的开普敦港

随着开普敦城市的向外发展，其规模不断扩大，已经远远超出了桌湾。虽然与其他大都市区相比，开普敦港口的规模很小，但是，它位于城市中心的边缘，占据了极为宝贵的地理位置，而且由于毗邻历史悠久的市中心，享有山脉的最佳景观，以及可就近服务于中央商务区的相关行业，它也是开普敦重要旅游景点罗本岛的起始点。

开普敦港口及其运营属于南非国家运输公司（Transnet Ltd，以下简称国运公司）的分支机构国家港务局（National Ports Authority）。国运公司是一家历史悠久的与中央政府有广泛联系的有限责任公司，主要负责南非的各大港口和铁路运输，并且还参与管理着南非天然气和石油的管道运输等一些基础设施。

从国家层面上讲，开普敦港是一个国家级中型港口，是继德班之后的南非第二个集装箱港口，位于大西洋和印度洋之间的交界处，由于非洲大陆西南海岸几乎没有港口，所以开普敦港具有重要的战略地位（图 2）。

开普敦港与两条主要公路和铁路网连接（图 3），两条主要公路将其连接到该国其他地区（N1 到约翰内斯堡，N2 到德班）。国家港务局已建立了"开普门户"（Cape Gateway）计划，①这是指开普敦港口和约翰内斯堡铁路枢纽城市深部之间的火车班车。在 2012/2013 财政年度，有 2776 艘船停靠开普敦港口，处理

---

① City of Cape Town, Port Gateway, Strategic Vision and Long Term Spatial Concept, Final Report, February 2014. p.7.

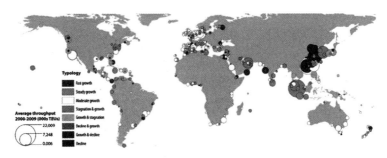

图 2　2000—2009 年集装箱港口航迹

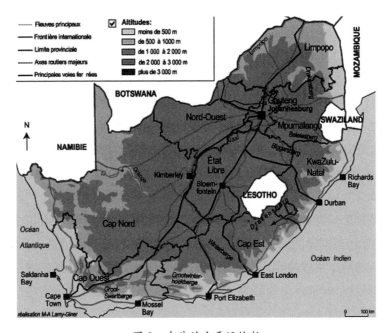

图 3　南非的主要运输轴

708604 标准箱和 200 万吨以上的非集装箱产品。[①]从总体上看,开普敦港口在国运公司的国家战略中具有战略意义,但并非中心地位。由于它距德班不远,这使其可以成为德班旁边的第二大集装箱运输港口,但也由此屈居德班港之下发展着。开普敦港的非集装箱货物的处理量远低于其他港口。例如,距其较近的专门从事钢铁和铁矿石等重型运输的萨尔达尼亚港(Saldanha),其全球吨位是开普敦港的 10 倍。

---

① City of Cape Town Economic Growth Strategy. 2013. pp.13—15.

　　但是，开普敦仍然是繁忙而高效的港口，对当地经济有着重要影响。该港口目前拥有约 6000 名员工[①]，有主要作为集装箱码头的本·舒曼码头以及邓肯码头。码头均为多功能码头，包含水果运输、船坞停泊和修理等，允许该市从内地出口制成品和产品（如水果、葡萄、苹果），并进口其经济所需的产品（如石油、电子产品、酒精）。国家港务局添置了橡胶轮胎门式起重机和超级巴拿马型起重机，这使得开普敦港在 2013 年 11 月被《集装箱管理报告》(Container Management Report) 选为全球 120 个最佳集装箱港口之一。新鲜产品的出口也需要效率，这需要一个良好的物流链来维持新鲜链，而同步起重机的存在，又能够处理非常重的货物，这也是一项重要的港口船舶服务。它的位置使来自亚洲的船只（主要是渔船）可以将开普敦港用作维修和服务基地。另一方面，由于还没有适合邮轮的基础设施，该港口所容纳的旅客运输很少，到目前为止，这些旅客游轮只能停靠在商业港口内。此外，开普敦港活动的多样性及其战略位置使其成为南非唯一的可以在全球范围内进出口的港口，这有助于其港口经济的全球性发展（图 4）。

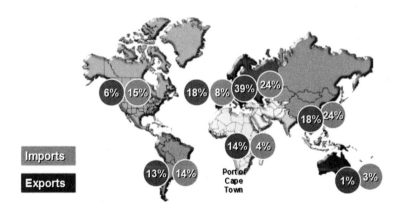

图 4　开普敦港各世界地区进出口地图

　　开普敦港口的交通量有望在未来几年里以可持续的方式增加。由于其用于非集装箱式交通的基础设施可以支持这一增长，因此其平均收到的资金将比其他国运公司的商业港口少，但却大约是德班的 10 倍。正如前国运公司企业事务经理康奈特·伯克斯托克(Conet Birckenstok)所说，"什么都不会改变，我们所

---

① Sinclair-Smith, K., & Turok, I. "The changing spatial economy of cities: An exploratory analysis of Cape Town", *Development Southern Africa*, vol.29, no.3(2012), p.391.

做的将变得越来越大"。①由于开普敦港在城市中的中心位置以及可用于进一步
发展的空间有限,其未来增长的潜力确实受到了限制。未来的投资将集中于从
公路到铁路的转变,以进行货运和客运,尤其是建设新的客运站。但是,从长远
来看,实际的码头有可能将无法支持集装箱运输的增长,因此,一个在本·舒曼
码头附近建造一个新码头的计划顺应而出。

　　开普敦港的未来发展,离不开其运营者国运公司的全球视野。南非的特点
是发达的交通网络覆盖了整个区域国家。该网络是从殖民时代和金伯利(Kim-
berly)钻石的发现继承而来的,这促进了与港口整合的铁路系统的发展。殖民
地领导人认为,重要的是统一整个运输系统,以增加出口水平,从而增加利润。
因此,自20世纪初成立联邦以来,港口和铁路的管理权就委派给一个实体,即前
南非铁路和港口管理局,如今,该网络主要由其继承者国运公司管理。但是,该
实体已经发展,并且分为不同的部分。对于港口而言,由国家港务局负责,而国
运公司港口码头(Port Terminals,TPT)则负责大多数码头的运营。在同一家
公司中的能力和知识的积累导致不同运输方式之间制定了通用的集成战略。国
运公司的行动主要集中在使整个网络更具吸引力和效率的重要性上,正如前南
非国家公共事业部负责人马鲁西·吉加巴(Malusi Gigaba)所言:"现代化交通
基础设施,特别是在我们的港口,这是朝着降低该国经商成本、创造就业机会和
经济增长迈出的重要一步。"②为了实现这一目标,国运公司的全球战略主要侧
重于八个商业港口中每个港口的专业化,以"避免重复"。③最近在《市场需求策
略》(Market Demand Strategy)中详细介绍了该策略,该策略是国运公司投资的
7年计划,旨在提高南非的吸引力。为了支持这一雄心勃勃的计划,国运公司将
大量资金分配给具有重要增长潜力的港口以及所谓的"新一代"港口。④如图5
所示,位于开普敦北部140公里处,专门从事散杂货出口的萨尔达尼亚港。但
是,国运公司的战略还必须应对若干挑战,例如交通拥堵和石油价格上涨,这是
2013年第十次南非物流状况调查指出的高运输成本的主要因素。为了解决这

---

① Jaglin, S. "Urban Energy Policies and the Governance of Multilevel Issues in Cape Town". *Urban Studies*, vol.51, no.7(2013). pp.1394—1414.

② Turok, I. Deconstructing density: Strategic dilemmas confronting the post-apartheid city. *Cities*, vol. 28, no.5,(2011). pp.470—477.

③ Transnet 官方网站:https://www.transnet.net/InvestorRelations/Pages/2013.aspx#。

④ Transnet 官方网站:https://www.transnet.net/InvestorRelations/AR/2013/Annual%20Financial%20Statements.pdf。

些问题,国运公司的目标是通过发展多式联运基础设施,将大部分货运从公路转移到铁路。但是,由于通往开普敦港口的三个通道已经很拥挤,并且通过该港口的集装箱数量正在不断增加,这对开普敦港的未来发展增加了不小的压力。

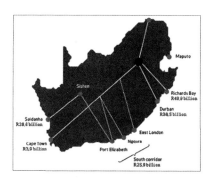

图 5　国运公司的 7 年投资分布

如果开普敦在国运公司发展投资中的一个非常重要的部分没有两极分化,那么港口对当地经济仍然非常重要,但它的治理与城市完全分离。正如我们所看到的,这种不对称并不新鲜,而且有可能导致治理冲突。在地方一级,除了立法机构位于开普敦的国家权力外,在塑造港口与城市之间的关系方面,两个行政实体也很重要:西开普省政府以及开普敦市政府。两者都由民主联盟(DA)管理,它反对在国家一级占主导地位的非洲人国民大会(ANC)。这种反对不利于国运公司和地方政府之间的对话与合作。国运公司仍需向地方当局缴税,并且在这些当局提供的服务方面是可靠的,例如道路基础设施、劳动力教育、劳动力或周边地区的安全。地方当局和负责港口的国家实体之间的限制始于 20 世纪 40 年代,当时南非铁路和港口(SAR&H)收回了 194 公顷土地,以便在开普敦建造新港口。[①]双方都准备了不同的土地使用计划,这一限制导致了今天仍然可见的城市管理的不协调。

这些不同的机构及其地位对城市与港口之间的中介空间产生了特别重要的影响。从 20 世纪 30 年代起,港口的扩大和沿海地区公路沿线居民点的拆除以及罗格巴伊(Roggebaai)和伍德斯托克海滩的修建,使得城市和海洋之间的视觉和物理联系被抛在一边。随后,在港口和中央商务区之间修建高架公路加强了这种破裂。

---

① Sinclair-Smith, K., & Turok, I. "The changing spatial economy of cities: An exploratory analysis of Cape Town". *Development Southern Africa*, vol.29, no.3(2012). pp.391—417.

(二) 港口空间延伸推动城市经济发展

1. 与港口相邻的中央商务区

开普敦市围绕港口扩展,一直延伸到开普平原地区。虽然人口较少,但城市规模面积在不断增加,城市人口密度较低。港口对于在中央商务区工作的人们和游客来说尤为突出,他们利用海滨高架的 N1 来连接机场。城市的经济中心位于主要码头的前面,并集中了所有交通枢纽:主要火车站、长途巴士和客车以及集体小型出租车终点站。文娱中心、开普敦市政府和西开普省政府大楼稍远一些。中央商务区和港口码头被三个物理屏障隔开,分别是高架公路 N1 和 N2、东部林荫大道、铁路,这种配置继承自 20 世纪 30 年代地方和国家当局之间的纠纷。①而且市政府和港口当局都制定了相互矛盾的计划(港口当局不希望有一个综合计划)。然而,该市正在试验道路交通的拥堵状况,并在滨海建造了高架公路,以解决这一问题,并将其作为中央商务区环形公路概念的一部分。关于使用滨海开垦土地的争议导致了两种方案都没有主导的局面,并导致了相关配置的无法实现。如今,虽然中央商务区和港口都发生了显著变化,商业港口和中央商务区之间的这种"荒废区"仍然存在。除此之外,还有一些文化设施——例如艺术景观剧院中心(Artscape Theatre Center)、服务设施——例如开普敦国际会议中心(Cape Town International Convention Center)、豪华酒店的创建改变了城市土地的使用方式。这些项目大部分受到了西开普省和开普敦市政府的支持与推动。港口和中央商务区之间的这一空间,对于无法从中央商务区进入港口入口的行人来说,仍然是相当难以接近和不友好的。不过,该区域并非完全空置,而是用作非正式和正式的停车位,但这并不构成对此类宝贵土地的充分利用。

2. 旧港口盆地的重新整合:经济和旅游业的成功

与此相反,维多利亚和阿尔弗雷德滨水区(the Victoria & Alfred Waterfront,V&A,以下简称 V&A 滨水区)是在商业港口的西部开发的,围绕着 20 世纪 70 年代几乎被废弃的老码头。V&A 滨水区在历史上是开普敦港口活动的场所。自 20 世纪 30 年代以来,随着邓肯码头和后来的本·舒曼码头的修建,早期的港口变得多余,而本·舒曼码头现在是商业港口的主码头。由于地方当局和港口地区的共同愿望,当地主要行动者认为这是可以成功的,因此得以实现。乍一

---

① Scott, P. "Some Functional Aspects of Cape Town", *Economic Geography*, vol. 30, no. 4, (Oct. 1954). pp.347—363.

看,由于两个实体之间缺乏制度化的沟通,这种合作似乎很难理解。1984年,开普敦市长成立了一个委员会,以重建以前几乎完全废弃的盆地区。1985年,国家政府的交通部长、环境事务和旅游部部长也做了同样的事情,但国运公司是土地的所有者。由于它不再需要这个空间来进行港口活动,因此它有兴趣对该地区进行不同的利用,于是就在1988年成立了一家公司即维多利亚和阿尔弗雷德私人有限公司(The V&A Warerfront Pty Ltd,以下简称V&A公司),负责开发和管理历史码头周围商业活动的修复,以便从其开发中获得一定的资金回报。当时由港务局的总工程师领导该项目。同年,国家政府批准了将该地区开发为混合使用区的提议,将小型港口活动纳入该项目,这是该项目出资人国运公司规定的条件之一。然而,在达成协议之前,国运公司与市政厅进行了长达一年的谈判。

如今,这里已成为土地混合使用的地方,有历史建筑(例如旧港口的船长建筑、防波堤监狱、旧军事炮台、钟楼)、旅游和商业基础设施(例如大型购物中心、两个海洋水族馆、通往罗本岛的门户、海滨长廊等)、住宅单元、高端酒店(例如:One&Only)、各种口味和价格的餐馆以及小型港口活动(小型渔船、船舶修理和私人租赁)。它还在开阔的海湾中享有独特的环境,可欣赏到山景并邻近城市的经济中心。2005年,V&A滨水区每年接待约2200万游客,这使其成为非洲旅游人流量最大的景点之一。①V&A滨水区已经成为当地经济的主要驱动力。大约有11000人在那里工作,这还不包括从事渔业和工业活动的4000人。②据估计,在V&A滨水区创造的每个工作机会,都会在更大的范围内创造两个以上的工作机会。相比于港口与中央商务区之间的连接而言,滨水区在道路和公共交通网络中的连接和集成性更好。它被新近开发的地区所包围,例如绿点(Green Point)的开普敦体育场区,刚刚改变了分区限制以更好地利用房屋,以及由罗格巴伊运河旅游区发起的混合用途开发项目中央商务区和V&A滨水区之间的互联网。这些区域现在仍然集聚着该地区的大部分投资,并在继续发展中。但是,汽车仍然是开普敦的主要交通方式,如果是步行,那么从任何地方到V&A滨水区都不容易。因此,这个发展项目在精英主义层面上遭到了一些批评。但V&A滨水区一部分已包含在MyCiti公交网络中,该网络在该地区有3个站点,而其他站

---

① Frieslaar, A., & Jones, J. The N1 corridor Cape Town: an integrated multimodal transport strategy for the corridor, 25th Southern African Transport Conference. 2006. p.208.

② Frieslaar, A., & Jones, J. The N1 corridor Cape Town: an integrated multimodal transport strategy for the corridor, 25th Southern African Transport Conference. 2006. p.214.

点都在步行距离内。虽然这种运输方式的效率仍有待提高,但它是城市中一种有希望的运输方式。

除了其独特的地理位置、在那里开发的各种活动以及为区域经济和业主带来的经济回报外,V&A滨水区之所以取得巨大成功有三个原因。首先,从一开始它就属于一个实体,这使得在制定和使用总体战略的方式上有了巨大的一致性。它经历了不同的单一业主,自2011年以来,它在南非最大的房地产集团和公共投资(政府的养老基金)之间进行了分拆,以共同维护良好的治理。随着该地区新的住宅单元的建设,越来越多的人致力于出租,以便所有权仍掌握在他们手中。同样地,白天顾客和工人存在的停车位可以在夜间被旅馆顾客和居民使用。V&A滨水区之所以运作良好,并拥有如此良好的形象,第二个原因是水上空间和一些码头仍然由国运公司运营并托管渔船、其他货物、旅游船、私人船舶和船舶修理设施运营,码头旁边有同步升降机。这意味着,进行常规港口活动的空间不会被浪费,就像其他开发了滨水区的城市一样。它还赋予了V&A滨水区的身份和真实性,并为城市的发展作出了贡献。但同时,也是第三个原因,V&A滨水区被开普敦居民视为城市的一部分,他们也乐于在此消费时光,这就是他们来的原因,在这里不只是看港口船只进出,它真正地融入了这座城市。

3. 港口沿岸的工业区

港口与城市之间的第三种空间位于前滨地区的西部,包括帕登埃兰、伍德斯托克和盐河附近。战后时期,该地区曾是城市的工业中心,并在很大程度上得益于港口活动。其中,盐河是开普敦制造业和纺织业的发源地,至今仍然存在。然而,工业活动的减少以及从工业和制造业经济向以服务业为主的经济的转变,导致了这些地区的一部分被遗弃。在过去的几十年里,帕登埃兰和盐河经历了城市退化、无家可归者增多和犯罪频发等问题。

帕登埃兰的一侧是海洋,另一侧是N1高速公路,最后一侧濒临也是南非领土的伊斯特普拉特空军基地(Ysterplaat Airforce Base)。由于这个位置并没有真正整合到城市的其他地方,因此仍然是居住人数非常有限的区域。该地区经济活动的约40%与港口有关,对开普敦港口的中长期愿景包括增加在该地区拥有土地上的港口和仓储设施。就像盐河一样,它也受到旨在改善邻里安全性的城市计划的关注,街道上设有闭路电视,还有夜间巡逻。[①]

---

① Paarden Eiland City Improvement District(PECID). 2006. pp.21—32.

在盐河地区,国运公司还将部分土地用作集装箱储存和运输至铁路的后方基地。仓库周围的区域仍然主要是工业用地,并不经常使用。此外,由于铁路在社区和港口区域之间形成了真正的障碍,因此通往海岸线和港口入口的通道在这一侧更加复杂。盐河东部地区是一些开发项目的中心,其中包括创建混合用途空间、海滨长廊和自行车道。

图 6　帕登埃兰的港口视图

自 2005 年市政当局制定伍德斯托克改善区(Woodstock Improvement District)计划以来,伍德斯托克采取了完全不同的道路,这是一个高档化和创造创意集群的过程。许多工业场所已被有效地转化为创意空间,例如布坎南广场(Buchanan Square)、旧城堡啤酒厂(Old Castle Brewery)、伍德斯托克交易所(Woodstock Exchange)、饼干厂(一个创意空间,包括农民食品市场、餐厅和商店)。一些旧的工业建筑已被改建为其他用途,例如标志性的旧城堡啤酒厂。如果整个地区都变得高档化,那么伍德斯托克北部与港口相比将更加孤立、集中,而伍德斯托克北部的人口较少,那里的创意空间得到了蓬勃发展。

这些地区和中央商务区之间是库伦堡(Culemborg)以前的铁路枢纽。在这个地区,除了铁路线之外,什么也没有,它把城市和港口分开,就像在前滨一样。它位于伍德斯托克和前滨之间(图 7)。开普敦市的长期规划之一是将所有与海相邻的区域整合在一起,以更好地利用从海角到北岸的海岸附近的这些宝贵空间,通过利用库伦堡现有的空间将其连接起来。确实,有太多的铁路线不一定是有用的,大多数人实际上是在盐河停下来转车,那里只有两条火车线,而不是一路直达城市中心车站,直到盐河站才需要那么多线路。开普敦希望它成为一个混合用途的开发项目,而国运公司希望使用该项目的计划是利用该站点(它是所有者)开发与港口相关的活动。该城市几乎不可能设法开垦这部分土地,尤其是该场地似乎不适用于公共和住宅用途,因为它不是建立此类基础设施的健康之地。

图 7 前滨及周边地区

开普敦港口的空间延伸为开普敦沿海地区的城市发展提供了巨大的便利,也带来了相当可观的经济效益,但是,国运公司和开普敦城市当局在土地利用开发方面的不一致性,也给这些沿海城区的发展带来了不少障碍。因此,港口和城市当局之间建立的机构关系的质量对这些地区的未来空间和经济发展有着重大影响。

(三) 开普敦港与城市经济的协调发展

1. 港口与地方当局之间的机构关系

城市与港口空间之间相互作用的改善似乎很大程度上取决于当局共同努力的能力。如今,人们为改善这种关系作出了重要努力,但它们仍然存在分歧,在某些问题上缺乏合作。开普敦的商业港口由国家主管部门管理的事实显然对开普敦市不利。前开普敦市长帕特里夏·德里尔（Patricia de Lille）曾表示，在南非范围内，港口和机场不受市政当局的控制，这种做法的合理性有待商榷。他认为，这可能不利于开普敦地区委员会在此阶段制定的城市发展战略，并且还尤其应该考虑开普敦在全国范围内的特殊性。①另外，开普敦市政当局不满意甚至批评港口的治理，原因有二。首先，该集装箱码头由国运公司运营，因此导致港口竞争力不足，而这种竞争力正是吸引投资和业务的主要方面。实际上，与其他国际港口相比，国运公司对在南非港口停靠的货物征收的关税很高。其次，这种对运输活动的排他性处理也没有在其他层次上引入竞争，例如在储存和运输连接方面。城市指出了这样一个事实：国运公司在处理这么多通常不属于港务局权限范围内的事情时效率低下。

尽管存在这些分歧，但国运公司与开普敦市政当局仍在努力建立可持续的对话。为了认识到这种对话的重要性，双方创建了一个更正式的机制。2013年，德里尔和国运公司国家港口管理局签署了谅解备忘录。该备忘录指出，在港口和市政府之间建立牢固的关系符合双方的利益。它计划应联合组织定期会议，以讨论对港口和城市都具有重要意义的所有问题。②由于这只是参与者的签名声明，因此不会产生任何实际的法律义务或责任。自从备忘录签署以来，它已经通过建立一个每月举行会议的委员会得以实施。国运公司认为以前从未建立过良好和可持续的关系，但仍将其视为一个简单的咨询过程，以便城市可以"购买"该港口的项目。国运公司与西开普省政府之间建立了类似的机制，形成了一个战略规划论坛（Strategic Planning Forum），该论坛讨论了从两种类型的会议中收集的信息，其中一些涉及西开普敦省及其需求（开普敦以及萨尔达尼亚的工作流程等）和技术会议。该组织的效率更高，因为它不会在一个所有事情都在一起讨论的会议上混淆每个人的要求。作为国家和地方政府之间的中间人，该省似乎也处于有利地位，因为它在使用空间方面没有任何真正的能力，但它更接近这两个层次。③

---

① Daudet, B., Normandie, É. D. M. De, France, L. H., Sefacil, F., Gestion, U. N. E., & Revisitée, V. T. "Gouvernance des territoires ville-port: empreintes locales, concurrences régionales et enjeux globaux", *Organisations et territoires*, vol.3, no.21(2012). pp.41—53.

② Daudet, B., Normandie, É. D. M. De, France, L. H., Sefacil, F., Gestion, U. N. E., & Revisitée, V. T. "Gouvernance des territoires ville-port: empreintes locales, concurrences régionales et enjeux globaux", *Organisations et territoires*, vol.3, no.21(2012). p.51.

③ Turok, I. Deconstructing density: Strategic dilemmas confronting the post-apartheid city. *Cities*, vol. 28, no.5,(2011). pp.470—477.

2. 保留港口功能的重要性

地方政府在区域营销方面的策略之一是构建一个"开普敦品牌",将城市定位为世界级城市。因此,港口似乎是地方当局提出的一种杠杆。考虑到这一点,开普敦支持在商业港口内部由国运公司建立一个客运站。的确,在 2012 年之前,前往开普敦港的客船可以停靠在 V&A 滨水区,这为乘客提供了更好的环境,也为滨水区提供了良好的经济机会。但是,此后,国家民政事务部主要出于安全和法律原因,禁止在该地区停泊客船。这种封锁危害了在开普敦停泊的船只航线的可持续性,因为专用于这一目的的码头没有适应的基础设施,而且位于中央商务区和港口之间的"荒废区"前面。因此,港口当局和城市之间已经就建造这个码头达成了协议,应该在未来几年由国运公司的工程师负责建造。为新码头选择的泊位是商业港口的一个特权区域,这可能是一个很棒的"城市明信片",强调开普敦是港口城市的身份,是海洋和山脉之间的"南非门户"。虽然建设尚未开始,但国运公司向外界证实了发展旅游业对开普敦的重要性。它们正在积极发挥作用,在港口建立一个客运站。

但是,其他港口活动的发展似乎在地方当局和港口当局之间存在更多争议。在国际海上运输量稳定增长的全球背景下,对于开普敦港口而言,保持和发展其能力似乎至关重要。已经提出了一些项目,将所有港口活动从开普敦转移到萨尔达尼亚港,但它没有所需的基础设施来容纳集装箱运输。这种增加将导致物流运输问题。开普敦港口已经面临严重的拥堵,这对专门运输新鲜产品的港口来说是不利的。正如相关报告显示的那样,交通拥堵是由私人车辆和运输车辆共同造成的。国运公司的计划解决了这些问题,除其他事项外,还设想了改进入口处的大门。寻找解决道路拥挤问题的解决方案,不仅符合市政府积极努力使公交网络更加高效的利益,也符合国运公司的利益,以避免客户的投诉。关于码头的长期容量,国运公司计划将港口面积从 234 公顷增加到 465 公顷。[①]但是,如果没有城市当局的同意就无法实现所有这些项目,这会使库伦堡和盐河地区的修复工作复杂化。

3. 巩固对话,促进桌湾的综合发展

如果就绿点(Green Point)和城市碗(City Bowl)之间开发的项目而言,合作已经相当富有成效和成功,但在城市和国运公司国家港口管理局都不具有共同

---

① Transnet. Port development plan. 2013. https://www.transnet.net/InvestorRelations/AR/2013/Integrated%20Report.pdf. 访问日期:2019 年 3 月 25 日。

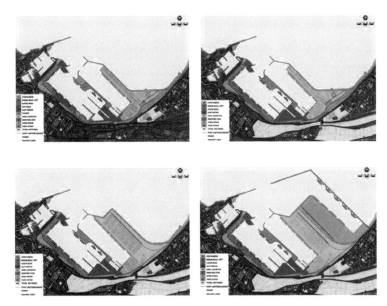

图 8　2042 年开普敦港口发展展望

利益的其他地区却不是这样。对于库伦堡和盐河地区的发展,开普敦有着不同的看法。将整个前滨纳入一个计划是该市追求的目标之一。正如图 8 所展示的那样,该地区包括"中央商务区、V&A 滨水区以及从西部的绿点到东部的伍德斯托克的周边地区",约占该市经济活动的 40%。[1]但是,该目标在某些方面可能与旨在发展港口活动的计划相抵触(图 8)。然而,这并不是城市的实际优先事项,因为这些地区的自然环境没有吸引力和价值。环境问题也是港口与地方当局之间关系的痛处,尤其是在气候变化和海平面上升的影响方面。领导开普敦市海平面上升问题智囊团的安东·卡特赖特(Anton Cartwright)向我们解释:"当我们为开普敦市进行海平面上升研究时,我们实际上是到了港口,然后从港口对面的边界开始重新出发。它就像一个黑匣子,我们不能进入那里,也不能影响那里的决定,我们真的不知道他们正在做什么。"[2]一些研究人员似乎也批评建造新码头的预期土地开垦,指出由于海流绕道而造成的侵蚀问题。国运公司认为它不需要共享有关此问题的信息,因为它有自己的工程师来在港口区域内

① Boraine, A, "*Central city development strategy*", in Pieterse, E.(ed) Counter-Currents: Experiments in Sustainability in the Cape Town Region, Cape Town: Jacana Media, 2010. pp.39—43.

② Boraine, A, "*Central city development strategy*", in Pieterse, E.(ed) Counter-Currents: Experiments in Sustainability in the Cape Town Region, Cape Town: Jacana Media, 2010. p.40.

进行研究并找到适合港口基础设施的解决方案。据估计,无法确定本·舒曼码头是否进一步影响了海流,也无法明确码头的扩展是否会造成进一步的损害。

这些类型的问题表明,如果这违反了国运公司的利益,或者只是认为他们不需要合作,那么就某些问题进行公开讨论的空间仍然很小。加强两者之间的和谐关系仍然是开普敦市政当局管理港口地区,促进经济发展的挑战。

开普敦港口与城市空间之间的关系似乎由国家和开普敦当局之间的制度关系决定。正如我们所看到的,每个人的视野有时可能是冲突的,并导致了纠纷,这对当今的开普敦市的空间布局仍然产生明显影响。尽管仍然面临许多挑战,但国运公司与开普敦市政当局之间正在建立更好的关系。整个沿海地区都需要有一个一体化的计划,这对港口和城市都有着重要的潜力。一方面,港口在城市空间内的重新整合可能有益于城市的身份认同,因为前滨代表通往城市的旅游门户,前往机场的N1高速公路位于港口的前面。V&A滨水区的总体成功证明了这些地区具有巨大的经济潜力,可以使所有利益相关者受益。另一方面,随着交通和道路网络的改善,这种综合方案可能会提高港口的效率,进而推动城市经济的发展。2013年签署的谅解备忘录代表了建立更牢固关系的一步,但要使之成为真正稳定的合作平台,共同开发项目,还需要其他方面的努力。

二、 城市经济的支柱产业:旅游业

自种族隔离制度结束和南非重新融入国际社会以来,旅游业对南非国民经济的重要性日益提高。自1994年以来,越来越多的国际游客来到南非。南非的入境人数从1994年的360万增加到2005年的760万和2007年的910万。[1]南非的旅游业进入了一个快速发展的时期。

目前,旅游业在国民经济中的重要性已超过几十年来曾经是南非经济支柱的黄金开采业。[2]开普敦从1994年以来南非旅游业的发展势头中受益匪浅。该市已成为南非旅游经济的支柱。这有两个主要原因。首先,这座城市在历史上一直占据着全国旅游业的首要地位。它仍然保持着南非"旅游标志"的状态。南

---

① Steinbrink, M. and Frehe, K, Township tourism in Cape Town: To go or No Go. *Praxis Geographie*. Heft no.12(2008), pp.38—43.

② KRÜGER, R, Tourismus überstrahlt im Süden Afrikas selbst Gold und Diamanten. 2006. http://www.afrika-start.de/artikel-240.htm.访问日期:2018年11月23日。

非最受欢迎的国际旅游景点绝大多数位于更广阔的开普敦地区（表1）。第二个原因是自种族隔离时代结束以来，开普敦通过国家营销代理商以及外国旅游生产者获得了大规模的促销效应。①

表1 南非的十个主要国际旅游景点

排名	景　点	位　置
1	V&A 滨水区	开普敦，西开普省
2	桌山	开普敦，西开普省
3	好望角	开普敦，西开普省
4	葡萄酒路线	葡萄酒之乡，西开普省
5	花园大道	西开普省
6	克尔斯滕博斯植物园	开普敦，西开普省
7	鸵鸟农场	小卡鲁区，西开普省
8	罗本岛	开普敦海岸附近，西开普省
9	比勒陀利亚景点（如联邦大厦）	比勒陀利亚，豪登省
10	克鲁格国家公园	普马兰加省

　　开普敦是南非海外游客的主要目的地。每年有超过一百万的国际游客访问开普敦。这意味着超过一半的海外游客在南非逗留期间都会访问这座城市。游客多数来自欧洲，传统上英国和德国是两个最大的游客来源市场。②

　　开普敦旅游业发展有三个主要趋势：③

① Cornelisson，S，Tourism development and policy in Cape Town：patterns，issues and lessons for other African cities，Presented as part of the seminar series under the GDRI research programme，"Governing cities in Africa：law，local institutions and urban identities since 1945"，University of Stellenbosch，25 August 2006. pp.8—10.

② Cornelisson，S. Tourism development and policy in Cape Town：patterns，issues and lessons for other African cities. Presented as part of the seminar series under the GDRI research programme，"Governing cities in Africa：law，local institutions and urban identities since 1945"，University of Stellenbosch，25 August 2006. pp.6—7.

③ Cornelisson，S. Tourism development and policy in Cape Town：patterns，issues and lessons for other African cities. Presented as part of the seminar series under the GDRI research programme，"Governing cities in Africa：law，local institutions and urban identities since 1945"，University of Stellenbosch，25 August 2006. pp.8—10.

首先,开普敦旅游业的大规模扩张导致对旅游基础设施的大量投资。1996年至2002年期间,新建了40家酒店。另外,开普敦国际机场也进行了扩建,新成立了几个高尔夫球场和大型会议中心,还有为2010年足球世界杯新建的足球场(绿点球场)。

其次,旅游业的发展对城市景观的重新定义有着深远的影响。高档化的趋势很明显,尤其是在城市的富裕地区。这种趋势最好的例子是V&A滨水区和被称为世纪城的后现代购物区。它们都已成为旅游消费和增长的重要中心。这些发展可以在城市景观"异化"的全球趋势的背景下描述。马克斯(Marks)和贝佐利(Bezzoli)认为,滨水区和世纪城等发展项目的建筑在社会上是排他性的,因为它们模仿了殖民地风格并描绘了新殖民主义的文化主题,这在种族隔离的历史和种族身份方面似乎是不合适的。①虽然这些发展存在着一些不利影响,但它们为开普敦的旅游业以及餐饮、生活娱乐等方面带来了实实在在的经济效益,而且,也慢慢地被开普敦市民所接受,他们正在享受这些景点和设施所带来的生活便利。尤其是V&A滨水区,已成为开普敦市民非常喜爱的地区,也正在成为开普敦在国际上的"城市明信片"。

最后,第三个主要趋势是独特的旅游市场的形成和巩固。例如:会展旅游业的发展、同性恋旅游业的发展以及乡镇旅游现象。随着国际会议中心的建设,开普敦已成为非洲最受欢迎的会展旅游目的地,国际会议的次数也最多。开普敦也代表同性恋旅游者,已发展成为世界领先的"同性恋城市"之一。在城市内部,同性恋旅游市场的扩大刺激了高级化进程。例如,高档同性恋区德沃特坎特(De Waterkant)的开发。21世纪初,乡镇旅游还是开普敦旅游业发展的边缘部分,并不受重视。但随着近年来历史性、教育性的乡镇旅游的崛起,以卡雅利沙、开普平原地区为代表的"贫民窟"乡镇旅游已成为开普敦旅游业的重要组成部分。

(一) V&A 滨水区:开普敦璀璨的"宝石"

在过去的几十年里,一些最具创新性的房地产开发活动都发生在海滨地区。从北美的波士顿、巴尔的摩、温哥华和多伦多,到欧洲的加的夫、伦敦、鹿特丹和巴塞罗那,再到环太平洋的悉尼、墨尔本、新加坡和大阪,世界各地的滨水区已成为港口城市新的零售、休闲和娱乐目的地。成功的滨水项目在全球许多港口城

---

① Marks, R. and Bezzoli, M. Palaces of desire: Century City, Cape Town and the ambiguities of development. *Urban Forum*, vol.12, no.1(2001). pp.27—48.

市和河流城市重建了丰富的文化和历史联系。

20 世纪 80 年代后期,那些为开普敦维多利亚和阿尔弗雷德海滨开发进行游说的人被认为是梦想家。当 V&A 公司在 1989 年成立并开始工作时,大多数开普敦人说"这永远不会发生"。2005 年,该项目每年接待 2200 万游客,[①]这个曾经不被看好的海滨项目成为了南非最大的房地产成功案例之一。在最初宣布该项目时,没有任何金融机构愿意为其提供资金,该项目一开始便遇到了巨大的挑战。南非国家运输公司为其投入了 2.05 亿南非兰特的启动资金,正是在此支持下,才有了后来不断发展繁荣的 V&A 滨水区。

如今的 V&A 滨水区给了开普敦人一种新的自豪感,它超越了人们的期望,成为南非吸引游客最多的旅游目的地,为开普敦作为"海洋酒馆"的浪漫描述带来了新的意义。

1. 独特的地理位置及其开发过程

新南非的诞生为开普敦的城市经济发展提供了良好的机会平台,在随后的十多年中,西开普省的经济年增长率一直保持在 3% 左右,旅游业、纺织、葡萄栽培和农业是其主要的经济支柱。开普敦通过港口、公路、铁路和国内空中交通的现代化基础设施与其他地区相连,极大地促进了旅游业的发展。此外,开普敦迷人的风景、宜人的气候、丰富的历史和美丽的酒乡使之成为游客的最爱,许多游客对开普敦拥有先进的卫星链路、移动电话和电子银行设施等也感到惊讶。为了响应国际社会对使用开普敦作为电影制作基地的日益增长的需求,该市最近还开发了先进的电影和视频制作设施以及录音室。

V&A 滨水区位于桌湾岸边,自然环境引人注目,位于世界上两个最大的城市标志性建筑之间——桌山和罗本岛。V&A 滨水区可轻松前往中央商务区,濒临开普敦的两条主要高速公路通道(N1 和 N2 高速公路)和大西洋沿岸,地理位置优越,既适合成功的企业,也方便住宅和娱乐目的。而且 V&A 滨水区可从大都市开普敦的大部分地区轻松抵达,并且距开普敦国际机场不到 20 分钟车程。

2005 年,南非每年接待约 600 万国际游客。其中西开普省每年接待外国游客 150 万,国内游客 510 万,作为该省的首府和最大城市,开普敦吸引了其旅游量的绝大多数。旅游业对西开普省地区生产总值的贡献超过 9%,对南非国内生产总

① Ferreira, S. & Visser, G., Creating an African riviera: Revisiting the impact of the Victoria and Alfred waterfront development in Cape Town. *Urban Forum*, vol.18, no.1(2007). p.237.

值的贡献估计为8%。旅游业已成为西开普省和开普敦重要的经济支柱产业。①

1988年11月,维多利亚和阿尔弗雷德滨水区(私人)有限公司成立,作为国运公司的全资子公司,其主要任务是将维多利亚和阿尔弗雷德盆地周围的历史码头重新开发为一个混合使用区,重点发展零售、旅游和住宅开发,并继续运营一个工作港口。该项目的主要规划动机是重新建立开普敦与其海滨之间的物理联系,以创造一个优质的环境,一个理想的工作、生活和娱乐场所,以及一个为开普敦人和游客进行贸易和投资的首选地点。

从经济学的角度来看,由于运输技术的变化和港口的扩建,开普敦港口的历史性部分未被充分利用。必须将宝贵的土地资产转换为其他用途,以便为土地所有者创造价值和增加收入。此外,V&A公司进行了广泛的市场研究,涉及零售需求、旅游机会、酒店开发需求以及开普敦大西洋沿岸住宅市场状况等方面。经过一年的公众咨询和谈判,获得了开普敦市议会的城市规划批准,重建工作于1989年底开始,并安装了新的服务基础设施。这是开普敦市民的一次胜利,他们在20世纪70年代末和80年代初进行了激烈的运动,以扭转开普敦因填海造地、铁路和高速公路建设而与海滨隔绝的局面。

V&A公司总体战略发展理念中的一个重要因素是保留港口的工作要素,这些要素为新发展提供了活力和令人兴奋的背景。这些可使用的港口设施包括港口拖船、领航船和渔船,以及同步起重机和罗宾逊船坞的运输。真实性是该地区重新规划和设计的主要目标,修复后的设施为游客提供了丰富的海上体验。

1989年,V&A公司在其最初的城市规划和发展框架中贯彻了企业道德观,目的是使历史悠久的开普敦港口成为开普敦人和游客的一个非常特别的地方。为了实现这一道德规范,制定了以下项目宗旨:②

● 在V&A滨水区创建适当的公共场所;
● 以考虑其特殊位置、条件和历史的方式开发V&A滨水区;
● 通过开发和管理实现财务自给自足和价值最大化。

而为实现这些宗旨又提出了一些更为具体的目标:

● 创造一个丰富多样的环境;
● 促进旅游和休闲;
● 创造住宅发展机会;

① Ferreira, S. & Visser, G., Creating an African riviera: Revisiting the impact of the Victoria and Alfred waterfront development in Cape Town. *Urban Forum*, vol.18, no.1(2007). p.237.

② P Hall, "Waterfronts: A New Urban Frontier", *Aquapolis*, vol.92, no.1(1992). pp.6—16.

- 建立可行的业务基础；
- 恢复港口和开普敦市之间的历史联系；
- 保护和增强具有文化意义的要素；
- 改善公众进入海边的途径；
- 采用灵活的开发计划，以应对不断变化的市场趋势。

V&A 公司对滨水区的开发总共分为六个阶段进行，虽然每个阶段都遇到了不小的困难和挑战，但通过该公司自身的努力，以及开普敦市政当局对该项目一直不遗余力的支持，V&A 滨水区取得了巨大的成功，已经从原来"普通的码头"变成了如今开普敦的一颗"璀璨的宝石"（图 9）。

图 9　V&A 滨水区前后对比

虽然最初的城市规划覆盖了 123 公顷的土地,但第一个开发阶段的重点是皮耶哈德区(Pierhead)。在这个区域内,最初的港口船长办公室、城市的第一个电力照明和发电站、仓库和许多较小的建筑物和住宅,由于多年来的不受重视和维护不足以及工业使用而遭受了损失。总体环境保留了工作港口的元素,而丰富的人造花岗岩码头墙和木材码头提供了城市中最浪漫的环境之一。这些建筑物在 1990 年为新用途进行了翻修,基本上在当年圣诞节前完成。

皮耶哈德成为滨水区项目最初的公众焦点,建筑修复计划引入了新的用途,如餐馆、酒馆、特色商店、V&A 酒店、剧院、手工艺品市场和国家海洋博物馆,这些用途使用了原本废弃的港口仓库、车间和商店。一些新的码头停泊处和软硬景观充实了皮耶哈德的码头环境。

该项目的第二阶段于 1992 年 10 月底完成了占地 26500 平方米的维多利亚码头专业零售和娱乐中心的建设。另外的餐厅、娱乐场所和特色购物场所提供了必要的基础设施,使 V&A 滨水区成为开普敦市中心最受当地人、国内游客和国际游客欢迎的购物和休闲目的地。

旧的防波堤监狱被开普敦大学租借并转换为新的商学院研究生院。该开发项目包括拥有 330 间客房的防波堤小屋,这是一家商业企业,商学院不需要的住宿将投放到酒店市场,这是一个巨大的成功。在 1993 年期间,海滨城市旅馆酒店(Waterfront City Lodge Hotel)开业,加德士服务站(Caltex Service Station)和地区总部也已完成。

该项目的第三阶段于 1994 年 1 月开始。在 1994 年和 1995 年期间,完成了以下主要项目:宝马馆(BMW Pavilion)、IMAX 剧院、大西洋汽车宝马汽车经销店、两大洋水族馆(Two Oceans Aquarium)和格兰杰湾(Granger Bay)海岸保护工程。

1996 年和 1997 年第一季度竣工的项目包括:维多利亚码头购物中心扩建了 18000 平方米、新盆地(New Basin)被水淹没的西码头有 120 间客房的格雷斯角酒店(Cape Grace Hotel)以及 6 号码头有 330 间客房的桌湾酒店。

该项目的第五阶段的规划批准是在 1999 年下半年从开普敦市议会获得的。该开发阶段有两个主要举措:V&A 码头住宅开发的第一期和钟楼区(Clocktower Precinct)的混合用途开发。

V&A 码头豪华住宅项目建成后,将在滨水区的中心地带建造约 550 套公寓和 150 个游艇及其他休闲船停泊处。一期工程于 2000 年初开工建设。事实证明,这是开普敦最受欢迎的新住宅之一,第一阶段几乎在不到 7 个月的时间内售罄。第一批居民于 2001 年年中入住其中。V&A 码头的第一期于 2004 年竣工,包括 10 个施工阶段,共 273 套公寓。[①]

钟楼区的发展见证了渔业活动与新用途的融合,如零售、办公室和为罗本岛服务的公共渡轮码头。罗本岛曾多次被用作医院、麻风病人聚居地和军事基地,作为前总统纳尔逊·曼德拉政治监狱所在地,在国际上也有影响。该岛于 1999 年底被宣布为世界遗产,目前正由国家重新开发,以作为博物馆和公共旅游景点。将其与 V&A 滨水区相连,确保了开普敦两个最重要的旅游景点之间的协同关系。钟楼区项目的第一阶段还包括一个 25000 平方米的执行委员会公司总部。办公项目的一楼包含了查沃恩炮台(Chavonnes Battery)的历史遗迹,这是 1726 年的荷兰沿海防御工事。第一阶段的剩余部分包括通往罗本岛的纳尔逊·曼德拉门、一个海湾停车场、一个 5600 平方米的旅游中心及零售商店和餐厅、3800 平方米的办公室和 2500 平方米的渔业活动区域。该项目于 2002 年年中完成。[②]

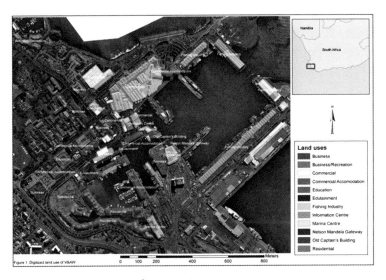

图 10　V&A 滨水区的土地利用设计图

V&A 滨水区项目的第六阶段于 2006 年底完工。这一开发阶段包括:V&A 码头住宅开发的第二期、克兹纳国际(Kerzner International)修建的豪华 One&Only V&A 海滨酒店、英国石油公司(BP)的 8500 平方米区域总部、维多

①　Ferreira, S. & Visser, G., Creating an African riviera: Revisiting the impact of the Victoria and Alfred waterfront development in Cape Town. *Urban Forum*, vol.18, no.1(2007). p.234.

②　Urban Land Institute, "Remaking the Urban Waterfront", Washington DC, 2004. pp.32—41.

利亚码头购物中心的 6000 平方米扩建、1250 个车位的停车场、两个建筑面积为 10000 平方米的写字楼项目以及 V&A 酒店的扩建部分。V&A 码头第二期由 230 个住宅单元组成,2003 年开始销售,2004 年开始建设。整个 V&A 码头项目和 One&Only V&A 海滨酒店已在 2006 年底竣工。①

V&A 滨水项目于 1988—1989 年启动,当时是南非历史上非常艰难的时期。尽管即将结束少数派政府政权,但距离第一个民主选举的政府于 1994 年 5 月上台还有五年多的时间。南非在政治上仍然与世界其他地区隔绝,该国处于普遍的经济衰退。没有政府或市政补贴来启动 V&A 滨水项目,它必须从一开始就在商业上取得成功,并且必须在开普敦公众的国内支持和对该项目的接受基础上具有可持续性。

北美的滨水区开发成功的先例令人鼓舞,但南非从未进行过这样的尝试。许多人认为城市保护是发展计划的关键方面,它过于理想化且成本高昂。就商业开发筹集的所有开发资金而言,该项目都是自给自足的。截止到 2005 年,该项目已投资 14.28 亿南非兰特,其中近 9 亿由国运公司的养老基金(Transnet Pension Funds,TPF)和国运公司投资。大约 2.46 亿南非兰特是对商业项目的私人投资,而 2.82 亿南非兰特是对住宅项目的私人投资(表 2)。

表 2　V&A 项目各阶段投资预算情况

项目阶段	完成日期	预算(百万南非兰特)
1	1990 年 12 月	65
2	1992 年 10 月	140
3	1997 年 5 月	528
4	2000 年 12 月	95
5	2002 年 12 月	312
V&A 码头住宅区第一期	2004 年 12 月	282
6	2006 年 12 月	570
V&A 码头住宅区第二期	2007 年 3 月	1008
总　　计		3000

① Van Zyl, P., The V&A waterfront project in Cape Town, South Africa: An african success story in the integration of the water, working harbour, heritage, urban revitalisation and tourism development. Paper presented at Conference on Development and Tourism in Coastal areas, Sharm El-Shaikh, Egypt, 9—12 March, 2005.

2. V&A 滨水区的区域经济影响与开普敦的"典范"

据 2004 年调查显示，V&A 滨水区的永久性就业总数（不包括渔业和工业活动）为 11000 个，而且超过 80％的工作是新创造的。V&A 滨水区的渔业和工业部门工作人数估计为 4220 人。另外，自 1990 年以来，V&A 滨水区的建设和开发阶段的就业人数约为每年 15850 人，其中 50％为基础性劳动力。通过该项目的开发和建设活动，在该项目预计的 20 年发展期中，V&A 滨水区可能累计将维持约 21000 个工作岗位。而且，在滨水区每创造一个新工作，就可能会为开普敦经济中的其他地方间接创造 2 倍的就业机会。[①]

此外，V&A 滨水区项目每年还向开普敦市支付大量的市政财产税，还要为水、电和污水处理等所有市政公用设施支付全部服务费。在 2004/05 年度预算中，V&A 公司支付了近 3000 万南非兰特的市政财产税，而 1990/91 年度最初的缴款额还不到 100 万南非兰特。在不到 15 年的时间里，V&A 公司已成为开普敦市最大的纳税个体。V&A 滨水区项目构建的集餐饮、娱乐、旅游以及住宿等社区生活于一体的大型休闲场所，极大地带动了房地产以及生活娱乐消费等产业的发展。因此，V&A 滨水区项目促进了开普敦沿海地区真正的区域经济增长。

据调查，2004 年，V&A 滨水区的游客访问量超过 2150 万人（表 3），其中包括 55％的本地开普敦人，21％的外国游客和 24％的国内游客（表 4）。外国游客的两个主要市场是英国（30％）和西欧（40％）。[②]1995 年 4 月，V&A 滨水区因其对促进南非旅游业的贡献而被授予南非旅游局著名的主席奖（Chairman's Award）。

表3　V&A 滨水区每年的游客数量（以百万计）

1991	1992	1993	1994	1995	1996	1997	1998	1999	2000	2001	2002	2003	2004
5.8	8.9	13.2	14.7	16.4	16.4	20.1	20.3	19.3	19.2	19.4	22.4	22.2	21.5

表4　V&A 滨水区每年的游客来源分布（％）

	1994	1995	1996	1997	1998	1999	2000	2001	2002	2003	2004
开普敦	65	61	50	66	65	50	58	44	46	46	55
国　内	27	28	23	18	22	28	18	29	23	24	24
国　际	8	11	27	16	13	22	24	27	31	30	21

① Ferreira, S.& Visser, G., Creating an African riviera: Revisiting the impact of the Victoria and Alfred waterfront development in Cape Town. *Urban Forum*, vol.18, no.1(2007). pp.234—237.

② Ferreira, S.& Visser, G., Creating an African riviera: Revisiting the impact of the Victoria and Alfred waterfront development in Cape Town. *Urban Forum*, vol.18, no.1(2007). pp.234—237.

此外，V&A滨水区项目还促进了该区及开普敦的音乐、电影娱乐产业的发展，大大提升了开普敦在国际上的知名度。V&A滨水区经常举办大型活动，例如开普敦爱乐乐团(Cape Town Philharmonic Orchestra)在夏季提供每周一次的音乐会，以及每年一月举行的年度滨水爵士音乐节(Waterfront Jazz Festival)。这些免费的音乐会非常受欢迎，经常有多达5000人聚集在海滨露天剧场。开普敦还定期进行合唱表演，因为开普敦拥有合唱的传统，不仅有爵士音乐会和国际及本地艺术家的演出，而且舞者、杂技演员、哑剧杂耍演员和魔术师等街头艺人也提供重要的娱乐服务。对于有资格演出的人来说，该地区已成为他们持续就业的来源，并且在某些情况下还提供了进一步发展其娱乐事业的机会。另外，作为开普敦旅游业的领导者，V&A滨水区通过在年度特别活动方面以及在适当的专门商店和餐馆方面推广葡萄酒、花卉和水果产业等，努力补充开普敦的其他景点。一年一度的海滨葡萄酒节(Waterfront Wine Festival)已经成为开普敦最大的盛事。V&A滨水区已经成为开普敦一张亮丽的"城市明信片"，成为开普敦在国际上的知名品牌。

V&A滨水区项目在将开普敦港口未充分利用的历史性部分转变为该市首屈一指的旅游、零售和娱乐目的地方面非常成功。在持续的开发过程中，该项目向世界各地的先锋滨水区开发学习，20世纪90年代初，V&A公司先后派团队访问了旧金山、波士顿、巴尔的摩、温哥华以及悉尼成功开发的滨水区，从其他滨水区的成功与失败中吸取经验教训，有助于V&A滨水区在相对较短的时间内取得成功。如今，V&A滨水区项目的成功使其成为滨水项目的国际基准之一。

V&A滨水区项目的成功原因多种多样，包括：①

● 根据其独特的地理位置和当地情况评估和开发每个滨水区。像城市一样，滨水区也是独一无二的，不能简单地转移关键的成功因素。

● 制定可持续发展的规划和发展愿景，以捕捉项目和地点的独特销售特征。

● 通过具有关键规模的锚定项目来建立开发和投资重点，这些项目将共同树立高影响力的多功能开发概念。

● 聘请多学科的项目团队和专家来主导整体设计和开发过程。

---

① Van Zyl, P., The V&A waterfront project in Cape Town, South Africa: An African success story in the integration of the water, working harbour, heritage, urban revitalisation and tourism development. Paper presented at Conference on Development and Tourism in Coastal areas, Sharm El-Shaikh, Egypt, 9—12 March, 2005.

● 获得地方当局的规划支持并建立灵活的城市规划框架。这是该项目初始启动阶段以及正在进行的开发计划的关键因素。

● 保留项目区域独特的工作滨水氛围、工作港的真实性和 V&A 滨水区的历史性质一直是避免开发"主题公园"的关键因素。

● 通过集中初始开发来避免随机增长。V&A 公司的初始开发集中在皮耶哈德区,并且该项目"以最大的规模开始"。

● 以市场为导向,以便在商业上可行并在经济上可持续发展。V&A 公司从未获得任何国家或地区政府补贴或特殊项目拨款的好处。

● 对环境和文化敏感。在开普敦,对历史悠久的旧码头建筑的适应性再利用创造了独特的特色和氛围。

● 使用严格的租户选择程序并确保多样化和充满活力的活动组合。这对于保持市场份额和持续增长,从而在开发中取得财务成功至关重要。

● 建立特殊活动和促销活动的持续计划。这对于保持市场份额和当地居民的回访至关重要,这是持续增长的必要条件。

● 定位到全年访问的本地人,而不只是游客,并规定延长交易时间。尽管游客由于人均消费水平高于平均水平而非常重要,但他们总是会优先访问那些受当地人青睐和光顾的地方。

● 确保有良好的通道、充足的公共停车场以及出色的公共安全和保障。

● 保持高标准的维护和清洁度。这有助于营造一个令游客愉悦的环境。

V&A 公司还建立了广泛的国际项目合作伙伴网络,并通过定期联系和重复访问这些项目,监控了滨水区和码头设计,开发和管理策略的最新趋势,并将其纳入 V&A 公司项目。V&A 滨水区以其自身的成功发展为开普敦其他地区的滨水区,甚至对整个开普敦城市发展规划的制定都提供了丰富的经验和范例。

V&A 公司滨水区项目并非没有不足之处,实际上,不足之处几乎存在于很多项目之中。但是,瑕不掩瑜,作为持续不断的高质量城市建设,它在开普敦甚至南非都是无与伦比的,在那里有许多值得学习的经验和教训。尽管已成为南非的顶级旅游胜地,但 V&A 滨水区取得的成就远不止于此,它以其引以为傲的海洋遗产重新组合了开普敦。此外,V&A 滨水区以在水、工作港、遗产、城市复兴和旅游业发展方面的非洲成功故事而自豪。在过去的二十几年里,它已成为成功的滨水项目的国际基准。V&A 滨水区项目的成功使开普敦与其他国际滨水城市(例如旧金山、波士顿、巴尔的摩、温哥华和悉尼)并驾齐驱,成为了世界一流的旅游胜地。

(二) 乡镇旅游:"贫民窟"游览

在 20 世纪 90 年代中期,在几个所谓的"发展中国家"或"新兴国家"的大都市中建立了一种旅游业形式。这种旅游业的重要组成部分是参观这些城市中最弱势的地区。它主要以带导游的形式组织,通常称为"贫民窟"游览。如今,许多旅行都是由专业公司进行运营和销售的。但是,也存在大量的非正式业务。在南非城市,例如约翰内斯堡和开普敦,印度大都市加尔各答,孟买和德里以及巴西的里约热内卢,提供了相对较大的贫民窟游览,这是最重要的地方。这些旅行的目标人群主要是国际游客。贫民窟游客的数量一直在增加。据估计,每年里约热内卢的游客人数为 4 万,而在开普敦,这一数字甚至被认为约为 30 万。带向导的贫民窟旅游正在逐渐成为"发展中国家"或"新兴国家"城市旅游的标准。

游客对国家文化的基本兴趣和居民的生活条件是"贫民窟"乡镇旅游的主要主题。旅游业能为贫困城市地区提供经济发展的潜力,在这种情况下,"贫民窟旅游"通常得到市议会、区域行政部门或(国际)非政府组织的直接支持。另外,一个重要的方面是,身处这些"贫民窟"的社区居民对政府开展乡镇旅游,以及他们前来旅游的游客的态度对乡镇旅游的发展有着重要影响。

十多年来,开普敦的乡镇旅游业一直在蓬勃发展。这些乡镇旅游能够促使国际游客深入了解城镇居民的历史、文化和居住条件,而这些也是旅游业这一部门的主要组成部分。

南非是世界上经济差异最大的国家之一,这意味着南非是世界上最不平等的社会之一。这在不平等的独特空间格局中得到体现,这在世界上可能是无与伦比的。这种模式是种族隔离制度的结构遗产。乡镇大多位于南非城市和大都市区的边缘,它们几乎象征性地代表了基于种族主义分类的非人道规划方法。

即使在南非新民主政府成立二十年后,几乎没有迹象表明不平等的空间格局正在消失。南非的大部分城市人口仍然生活在城镇的贫困甚至非常贫困的环境中。而且,城镇居民几乎仍然完全属于"先前处于弱势"的人口群体,即过去被归类为"非白人"人口的群体。尽管政府作出了努力,城镇的生活条件也没有得到明显改善,而且人们的分散化进程也没有明显地进行。因此,从一定程度上来看,种族隔离制度已被经济隔离制度所取代,弱势群体现在与那时基本保持相同。同样,不平等的空间划分几乎没有改变。

作为最弱势的城市地区,乡镇通常被视为开普敦城市发展规划的主要问题。但与此同时,它们已发展成为旅游业的重要资源:乡镇已成为旅游胜地。最初,开普敦的旅游潜力主要来自该市的气候及其自然景观(国家公园、壮观的山脉、海滩、葡萄酒之乡等)。开普敦并不是南非最先兴起乡镇旅游的城市。早在90年代初期,索韦托(约翰内斯堡的西南镇)就开始开发一种新型的旅游业:乡镇旅游,即在黑人人口居住区的带导游的旅游。在种族隔离时代已经进行了第一次乡镇游览,但当时这些活动主要是为种族隔离政权进行政治宣传。随着种族隔离的结束和国际旅游业的发展,人们开始朝着更具社会批判性和文化关注的方向转变。

最初是具有特殊政治兴趣的旅行者的小众市场,他们希望看到反对种族隔离的自由斗争的场所,如今已成为一种普遍的现象。根据官方资料,仅在开普敦,2006年就有30万游客参加了乡镇旅游,占游客的25%。[1]该报告显示,对于大多数国际游客来说,乡镇旅游已经成为他们在城市逗留期间必须做的事,就像去桌山和好望角的旅行、海滨游览和葡萄酒乡之旅一样。可见,乡镇旅游业已成为旅游业中一个蓬勃发展且利润丰厚的行业。越来越多的公司进入市场,以满足对这种旅行的不断增长的需求。在发展的早期,这些旅行是由乡镇居民自己组织的。在随后的几年中,大型和跨地区运营旅行社和一些当地旅行社也针对这种旅游制定计划,并将乡镇旅行社纳入了传统的旅游产品范围。考虑到乡镇旅游的未来潜力,其对开普敦城市旅游经济的贡献将会不断增加。

乡镇旅游可以理解为城市旅游的一种特殊形式。众所周知,"文化"是城市旅游中的重要影响方面。而乡镇文化与开普敦城市之间的这种差异,可能正是带动游客好奇心,推动乡镇旅游的一方面。[2]如今,乡镇旅游是开普敦城市旅游业当中的重要部分,也就自然地会受到开普敦市政当局在政策上给予支持与鼓励,它继续推销乡镇旅游,以带来更多的经济利益。

由于卡雅利沙等黑人社区都是逐渐遍布于开普敦的东部地区,而且乡镇旅游路线的起点大多是第六区博物馆[3],在这里,游客会了解到种族隔离的历史,

---

[1] Afrika-Verein der deutschen Wirtschaft:www.news2010.de.访问日期:2018年12月6日。

[2] Pott, A, Orte des Tourismus. Eine raum-und gesellschaftstheoretische Untersuchung. Bielefeld. 2007. p.107.

[3] 第六区博物馆记录了该区的发展历史。1966年,这里的"非白人"人口被驱逐并被强行迁移到城镇。20世纪80年代初,这个地区的几乎所有建筑都被拆除。从那以后,这片土地一直荒芜。参见:http://www.districtsix.co.za,访问日期:2019年12月7日。

特别是种族隔离的城市规划和南非城镇的历史。紧接着,他们会沿线向东,一路经过兰加、古古勒图和卡雅利沙,参观这些"黑人乡"的特色文化景点(图11),这对于沿路了解这些相对贫困地区的历史文化有着直观的便利,乡镇旅游可以看作是东开普敦乡镇的社会文化外部代表。

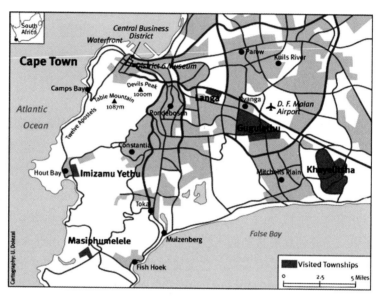

图 11　开普敦参观的乡镇:从第六区博物馆(内城)到乡镇的游览

乡镇文化的观念与非洲文化的本质主义观念有着强烈的同质性,也是非洲文化地域化和本质化的一种表现。开发开普敦的乡镇旅游,可以改变乡镇的贫困,发掘这些地区的发展潜力,带动其经济发展,摆脱它们作为"贫民窟"的外在印象。在大多国际游客的眼中,开普敦的乡镇是一些"问题地区",充满着贫穷和失业、酗酒和吸毒、街头帮派和犯罪等现象。但是,这些乡镇的另一面是:具有不同语言、不同宗教和文化的人生活在一起,而朋友、家人和邻居的社交网络运转良好。它们有着悠久的历史,保持着"非洲的活力",并且自种族隔离结束后已经取得了重大发展。此外,开普敦各乡镇的"不同生活方式"也吸引着游客。他们希望了解人们在乡镇中的生活,并了解他们的祖国不存在的事物(例如当地工艺美术、音乐和舞蹈、外国食品和饮料),以及了解乡镇的文化和历史。

这些乡镇旅游受到各社区的大力支持。一些游客认为,当地居民甚至渴望与游客接触并谈论他们的个人经历和生活状况。他们表示,这还可以用来纠正和改善媒体对乡镇的负面印象。这种乡镇旅游可以带动各乡镇餐饮住宿娱乐等相关产业的发展,形成一个巨大的产业链,可以创造更多的就业机会和更好的收入机会。

2001年,西开普省发布了可持续旅游业发展和促进白皮书(White Paper on Sustainable Tourism Development and Promotion in the Western Cape),大力发展可持续性旅游产业。开普敦也推出了重视"以社区为基础的旅游"和"扶贫旅游"的策略,作为帮助开普敦"贫民窟"黑人乡镇发展的乡镇旅游也受到重视,被纳入发展规划当中。促进"以社区为基础的旅游"不仅可以通过在处境不利的地区开放商业机会来刺激经济发展,而且还可以增强人们对"空间形象"的参与,真实地呈现贫穷黑人生活空间的实际形象。

支持乡镇旅游的发展,让开普敦市政当局的"扶贫旅游"计划可以实质性落实,不至于成为一种政治上的空头支票。而且,通过乡镇旅游可以促进开普敦城市空间规划的整体协调发展,带动各乡镇相关产业的经济发展,提升这些乡镇居民的收入和生活水平,避免城乡贫富差距拉大。

三、 结语

作为一个历史悠久的港口城市,开普敦港虽然规模不大,但对于开普敦城市的发展起到了不可忽视的重要作用。虽然随着航空事业的出现及发展,其港口的战略地位有所下降,但仍然对开普敦城市的发展有着不小的辐射延伸影响。作为国际知名旅游城市,旅游业已经成为开普敦城市经济中的支柱产业。旅游业规模的不断扩大,对于提升开普敦的国际地位,形成自己的城市品牌形象有着重要的推动作用。港口及对开普敦沿海地区的再开发,使得该城市的前滨沿海地区成为城市旅游业中的重要一环,形成了港口—旅游互动型的城市经济,成为开普敦城市经济中的一道亮丽风景线。城市经济是推动城市进步与发展的重要推动力,良好、高效、可持续的经济发展模式对于加快开普敦世界一流城市的建设有着重要意义。

中国与加纳经贸关系研究
（2000—2018）[①]

娜 娜

摘 要：加纳与中国间的友好关系由来已久，特别是进入21世纪以来，两国间合作的深度、质量和规模都有了长足发展。中加两国的友好关系为两国深入合作并尝试合作解决两国面临的挑战，以及携手促进中加两国经济增长、贸易互惠创造了条件。总而言之，虽然中国与加纳两国的经济、政治制度以及具体国情不同，但两国就"一带一路"倡议下彼此间贸易规模的增长和各领域合作日益深入的利好达成了共识。为探究中加间进出口贸易规模的增长和两国贸易合作的不断深入对两国经济发展的影响，本研究将回顾梳理中加间达成具有重大意义的经济合作协议。而从中国的角度来看，在加纳市场对中国工业产品日益增长的需求和中国工业制成品物美价廉的加持下，中国对加纳贸易额迎来了巨大增长。但从另一个角度来说，加纳的工业生产企业正受到来自中国商品进口量增加的挑战。这使得加纳的工业企业必须同时应对国内外竞争者的双重挑战。考虑到这些产业大多发展状况不够理想，加纳必须出台适当政策来应对中国进口商品数量持续增长，国内失业率走高，经济多样化受阻等的逆工业化现象。为了对此进行进一步探究，本研究深入探讨中国近期对加纳制造业等领域的投资和发展援助的影响，以及加纳人对在加中资企业不断增加的看法和对中国企业的印象。此外，尽管加纳债务数额较大，但中国在加纳基础设施建设领域的投资对加纳基础设施和人民生活水平的提升功不可没。可以说中国物美价廉的工业品和中国对加纳的投资援助让加纳人民得到了切实的帮助。但不可忽视的是，中加两国间贸易、关税政策差异较大，这在一定程度上导致了加纳对中国出口额远小于进口额的情况。最后，本文通过探究加纳最重要出口商品之一可可的历年

---

① 本文作者为加纳籍，曾在上海师范大学非洲研究中心攻读硕士研究生，本文节选自其硕士毕业论文。相关论述仅代表作者个人观点。

贸易状况,希望从中折射中加宏观贸易状况。本研究旨在呼吁中加保持友好关系和公平公正的贸易规则。显而易见,中国是加纳的主要援助来源国之一,对加纳的贸易和经济格局具有重要影响力,且这种重要影响力会在可预见的未来继续显著提升。

关键词:中国;加纳;经贸关系;援助;投资;贸易

作者简介:娜娜(Cleide Selase Dodoo),曾在上海师范大学非洲研究中心攻读硕士研究生,现为上海昊博影像科技有限公司国际销售专员

加纳原名黄金海岸,位于西非海岸,自 13 世纪开始一直从事对外贸易活动。加纳在获得独立后一直积极参与各种国际机构之间的双边和区域贸易磋商。在 1957 年 10 月 17 日,加纳加入关税及贸易总协定(GATT),这是为加纳加入世界贸易组织(WTO)所作的准备。1995 年 1 月,加纳正式加入世界贸易组织。[①]在加入世贸组织之前,加纳于 1975 年 5 月 28 日签署了《拉各斯条约》,[②]这使加纳成为西非国家经济共同体的成员国,并开始在西非国家经济共同体的范围内开展区域贸易活动。

新中国成立后,加纳成为最早与新中国建交的撒哈拉以南非洲国家之一。加纳与中国的良好关系和历史友谊源远流长,早在 1960 年 7 月 5 日中加两国就正式建立了外交关系。在 1961 年,两国签署了一项和平友好的合作协议。在 1972 年库图·阿查姆邦(Kutu Acheampong)军政府时期,加纳和中国的外交关系中断,直到 6 年后两国重新建交。第二次建交之后,两国间稳固的关系加深了彼此之间在贸易和经济领域的合作。到 20 世纪 90 年代,中国改革开放取得巨大成果,中国投资者开始进入加纳,两国间的经贸合作更加深入,这使得两国能够在经贸合作的过程中深化友谊,并共同探索、共同分享加深经贸合作和助力经济利好的机遇。

一、 中加经贸关系发展的基本情况

中国与加纳的经济关系始于两国建交时。中国支持加纳社会经济发展,以

① Danquah, Albert, "The Role of Regional and Bilateral Trade Agreements in the Economic Development of Ghana: Case: Ghana-China Relations"(2017), pp.21—50.

② Ghana Statistical Service, Company Website, "Ghana joins WTO", February 6, 2017, http://www.statsghana.gov.gh/statistics.html, 2020-06-12.

贷款、赠款和债务减免等形式为加纳提供技术和财政援助。在双边合作框架内，中国对加纳的财政援助和一系列货币方案涵盖了加纳经济中最重要和最关键的部分。近年来，加纳对中国商品的需求与日俱增，这导致了加纳和中国之间的贸易额激增。自 2017 年以来，两国贸易额快速增长。这部分增长的贸易额涵盖了卫生、食品和农业、教育、国防、文化、道路和建筑等领域。中国对外政策之一是不断向非洲国家提供支持、投资和鼓励。根据加纳投资促进中心的数据，加纳是中国和中国投资者的战略目标国，是中国在非洲投资增额和注资规模最大的国家之一。中国在加纳的投资主要集中于以下领域：石油和天然气工业、农业生产和农产品销售、制造业、金融业和许多其他领域。随着中国在 20 世纪 80 年代改革开放政策和"走出去"战略的实施，以及中国经济规模的增长和硬实力的显著增强，中国政府鼓励本国企业到海外投资。该战略还旨在鼓励中国企业在国际市场上提高中国的全球实力地位。[1]随着一般贸易、建筑工程、制造业和农业等领域资本的大量涌入，中国在加纳的投资额继续大幅增长。随之而来的是越来越多的中国公司在加纳注册分公司，其中值得特别关注的是华为、中国水电、中国建筑工程总公司、中国水利水电对外经营公司、中国电信、中国建筑总公司广州国际公司以及山西省建筑工程公司、中国海洋石油总公司、深圳能源集团公司等企业。[2]到 2010 年底，中国对加纳的非金融直接投资为 200 万美元，同期承包工程和劳务合同总额为 45.3 亿美元。[3]

在 2006 年中非合作论坛北京峰会开幕式上，加纳被选为中非发展基金非洲总部。中国投资的很大一部分流向制造业和一般贸易部门。中国在农业、服务业和旅游业领域的投资额非常可观，这些行业可以为加纳提供技能门槛较低的工作岗位，而绝大多数加纳人将从中受益。[4]从 1994 年到 2006 年，中国公司在加纳共注册了 249 个投资项目，其中 34% 的项目在制造业，19% 在贸易行业。根据加纳投资促进中心的数据，中国是第一个在加纳注册投资项目数达到 21 个

[1] Idun-Arkhurst, Isaac, and James Laing. "The impact of the Chinese presence in Africa." *An Africa practice report prepared for JETRO London*, David and Associates(2007).

[2] Nyarku, Felix, Ghana-China Bilateral Relations: A Treasured Fifty Years of Diplomatic, Cultural, Economic & Trade Relations(2017), pp.25—40.

[3] Ghana Embassy China, "Introduction to Ghana China relations", June 15, 2015. http://gh.china-embassy.org/eng/zjgx/t177920.htm, 2020-11-16.

[4] Nyarku, Felix, Ghana-China Bilateral Relations: A Treasured Fifty Years of Diplomatic, Cultural, Economic & Trade Relations(2017), pp.25—40.

的国家。此外,2011年前三季度,中国注册的投资项目数量位居第二,共有54个项目。

在2010年加纳总统约翰·埃文·阿塔·米尔斯(John Even Atta Mills)对中国进行了国事访问,为深化两国双边关系提供了新的机遇。在此次访问中,加纳从中国获得了用途各异的大量贷款援助。加纳早在1983年就与中国签署了第一个重大合作协议。两国之间的这项商业合作协议于2004年结束。加纳得到了中国在贷款、赠款和技术援助方面的支持,加纳的经济发展和基础设施建设得到了巨大帮助。加纳从中国政府提供的巨额赠款中获益颇深,尤其是在过去的三十年,中国向加纳提供了一揽子债务减免方案。[1]此外,加纳政府与中国的技术合作主要集中在中国提供的技术培训以及在加纳的中资项目的技术支持。加纳开发署和中国政府联合发起的发展中国家间技术合作计划旨在提高加纳私营企业的人力资源水平。[2]这些技术合作涵盖了中国提供的信息技术、人力资源开发、农业、能源和环境教育等领域的培训课程。

中国是加纳的贸易伙伴,中加合作对加纳经济的发展具有重要影响和现实意义。贸易一直是加纳和中国之间经济合作的主要推动力。加纳从中国进口的产品包括轻型工业制成品,如机动车及其零部件、机械及其零部件、自行车、医药产品、家居用品、电器、食品(大米、茶叶等)、体育用品、文具、化学品、纺织品、服装等。加纳向中国出口的商品主要是初级产品和半加工产品,如可可豆、木材、木制品、废铜、废铅、渔网、天然板材、废铝、单板、工艺品、牛油果、黄铜废料、腰果、盐、鱼翅和废锌。[3]对两国双边贸易的研究表明,加纳向中国出口的原材料相对价值较低。而中国向加纳出口大量制成品,其中一些本可以在加纳生产。这显然对加纳的工业生产造成了负面影响,因为大多数来自中国的工业制成品相较于加纳本土生产的更便宜,鉴于此,许多批发商、零售商和消费者更青睐"中国制造"产品而不是加纳制造的产品。原本在机械、技术和金融方面居于劣势的本土工业面临着激烈的内部和外部竞争,这最终对加纳经济中的工业化进程产生了负面影响。加纳下定决心继续增强与中国之间的商贸联系,使加纳的进出口

[1] Nyarku, Felix, Ghana-China Bilateral Relations: A Treasured Fifty Years of Diplomatic, Cultural, Economic & Trade Relations(2017), pp.25—40.
[2] Nyarku, Felix, Ghana-China Bilateral Relations: A Treasured Fifty Years of Diplomatic, Cultural, Economic & Trade Relations(2017), pp.25—40.
[3] Ghana Embassy China, "Introduction to Ghana China relations", June 15, 2015. http://gh.china-embassy.org/eng/zjgx/t177920.htm, 2020-11-16.

贸易趋于平衡。加纳预计将利用中国对非洲产品开放市场的决定,将符合零关税条件的出口商品数量从 190 个增加到 440 个。[1]

二、 中加经贸关系的主要特点

(一) 加纳对中国政策的一贯性

中国对其他国家明确提出的首要要求是承认"一个中国"并与台湾当局"断交"。根据中国的对非政策文件,中国愿意在"一个中国"原则的基础上,同尚未建交的国家建立和发展国与国的关系。因此,加纳坚持"一个中国"政策,把台湾地区视为中华人民共和国不可分割的一部分,中国对加纳长期支持,与加纳发展贸易、对加纳投资和与加纳一起在国际发展合作中发挥巨大作用都是基于这一政治共识的。此外,加纳还在外交方面支持中国重返联合国常任理事国席位,以及在国际关系中支持"一个中国"政策(不承认台湾作为独立国家存在),两国还在国际上维护发展中国家利益的共同框架。[2]虽然加纳是第一批与中国建立合作关系的非洲国家之一,但后续还有许多非洲国家走上了与中国的合作之路。非洲从很多方面来说是一个多元化的大陆,所以非洲国家应该做好准备,发展更多与中国类似的伙伴关系。[3]加纳对中国政策的持续稳定促使中国在阿克拉设立了中非发展基金第四办事处。中非发展基金在阿克拉第四办事处的建立,说明中国对与加纳经济关系高度重视。前全国政协主席俞正声说:"中方赞赏加纳坚持'一个中国'政策。中国将与加纳共同努力实施'一带一路'倡议,并在约翰内斯堡举行 2015 年中非合作论坛峰会,以增进政治互信、合作共赢;中国与加纳合作的深化是由于加纳近来在西方世界不被看好。而中国在这一方面与西方世界并不相同。"

(二) 两国的经济开放与贸易意愿

随着世界大多数经济体提倡经济开放,中国和非洲的合作日益紧密。根据

---

[1] Tsikata Dela, et al., "China-Africa Relations: A Case Study of Ghana. Draft Scoping Study for Africa Economic Research Consortium". Accra: *Institute of Statistical, Social and Economic Research*, University of Ghana(2008), pp.12—24.

[2] Idun-Arkhurst, Isaac. "China and Ghana: A case study of engagement", *Africa Union*, Vol.1 (2008), pp.13—23.

[3] Monica Moffitt, "The American Genius, 4 facts about the Ghana China connection", April 15, 2013. https://theamericangenius.com/business-news/4-facts-about-the-china-ghana-connection/, 2020-05-02.

汤玛斯·林(Thomas Lam)在 2009 年提出的观点,中国在非洲大陆的经济存在是以基础设施融资和贸易协议的形式存在的,布罗蒂甘(Brautigam)的观点则是,从 2006 年开始,中国对非政策更强调互利和平等。罗特贝格(Rotberg)则进一步指出,非洲和中国在寻求发展的过程都需要彼此。①而扎法尔(Zafar A)和李安山则认为,中国的存在激发了非洲产品潜在竞争力,并对其债务融资产生积极影响。②根据经济领域的分析,两国贸易开放相关的最重要的利好是实现经济增长和更快速更稳定的发展。③开放贸易会促进经济增长,加中双边贸易关系正是如此,这有利于两国经济的发展。贸易开放是两国的大政方针,研究者预计这将使发展中国家能够改变其参与国际市场的姿态、模式和结构,从而克服国际收支问题,加快技术进步,从而促进经济增长和发展。④贸易是两国之间经济合作的主要推动力。此外,中国参与加纳国内经济活动对加纳经济产生了积极影响。例如,在加纳经济领域中有若干与贸易有关的投资,这得益于从中国进口的商品、对中国的大量原料出口以及中国制造商品对加纳原材料需求的增加。总之,不同合作机制下两国进出口经济增长和不断推进的贸易一体化使两国联系更加紧密。据最新统计数据,中国目前是在加纳注册投资项目最多的国家,也是加纳最大的贸易伙伴,2019 年中加贸易总额达到创纪录的 74.6 亿美元(加纳对中国出口 25.6 亿美元,中国对加纳出口 49 亿美元),超过了其他传统伙伴⑤。尽管出现了上述的经济新形势,但贸易开放对经济增长和发展的深层影响,对广大发展中国家而言仍然难以确定,因为理论和实证研究都尚未对此得出明确结论。⑥总之,对加纳而言,贸易开放有助于提高经济效率,提升加纳经济在世界的竞争力,为加纳国内企业提供获取国际先进技术的机会,这对提高加纳国内生产力水平

① Debrah Brautigam, "China：Africa's Oriental Hope", [中国：非洲的东方希望], Hai Wai Wen Zhai, July 2, 2014. http://www.observe-china.com/article/51 china.org.cn, 2020-12-09.

② Ibrahim, Isaac, "Impact of Sino-Africa Economic Relations on the Ghanaian Economy：The Case of Textiles", *International Journal of Innovation and Economic Development* 3.1(2017), pp.7—27.

③ Winters, L. A., "Trade Liberalization and Economic Performance：An Overview", *The Economic Journal* (2004) pp.114, F4—F21.

④ Sakyi, Daniel；Villaverde, Jose Maza, Adolfo And Reddy Chittedi, Krishna, "Trade Openness, Growth and Development：Evidence from Heterogeneous Panel Cointegration Analysis for Middle-Income Countries". *Cuad. Econ.*, Vol.31(2012), pp.21—40.

⑤ Ghana Business News, "Ghana, China trade reaches ＄7.5b in 2019", October 19, 2020. https://www.ghanabusinessnews.com，2020-09-17.

⑥ Lopez, R. A., "Trade and Growth：Reconciling the Macroeconomic and Microeconomic Evidence", *Journal of Economic Surveys* (2005), pp.19, 623—648.

和改善加纳融资环境产生立竿见影的效果。

三、 中加经贸关系在新时期的发展(2000—2018)

加纳和其他非洲国家一样,依赖自然资源出口促进经济增长。近几年来,这些非洲国家的贸易收入的提升促进了经济增长,并加强了与中国、印度、法国、南非等国的双边经贸关系。根据加纳贸易和工业部的数据,2017 年中国与加纳的贸易额为 66.7 亿美元,2018 年这一数字上升至 72 亿美元。2019 年,加纳与中国的贸易额为 74.6 亿美元。[1]当前加纳是中国在非洲的第七大贸易伙伴。在两国政府的努力下,两国间的贸易和经济体量都有了显著持续的增长,本部分将对这种经济显著持续增长的原因展开讨论。

(一) 发展概况

进入 21 世纪以来,中国在加纳的贸易和投资额大幅增长。在此期间,中国逐渐从对加纳的第二大出口国转变为对加纳的最大出口国。加纳投资促进中心在 2000 年仅注册了总额 440 万美元的中国项目,但仅在 2014 年,中国注册的资金就增加到 16 亿美元,而五年后,两国之间的贸易额增加到 74.6 亿美元。[2]这意味着两国的经贸关系正在飞速发展。21 世纪头十年,中国在加纳的投资稳步增长。尽管 2002 年至 2004 年期间出现了小幅下降,但 2004 年至 2005 年期间这一数字迅速回升。中国对加纳的赠款数从 309 万美元增加到 2005 年的 1787 万美元。[3]前总统库福尔当局在这十年里争取了中国政府许多投资项目和财政援助。一个突出的项目是 2006 年开工的奥法卡至萨翁高速公路。这个项目是前所未有的,因为它完全承包给中国工程师,而以前的工程项目则会承包给其他国家的工程师,加纳参与极少。最重要的是,中国的公路建设项目受到了加纳全国人民的欢迎,因为中国施工方出乎加纳人民的意料,在 5 年不到的时间内建成一

---

[1] Ministry of Trade and Industry Ghana, "Ghana-China Total Trade 2004—2018", November 11, 2020.

[2] Ghana Investment Promotion Centre, "Chinese registered investments in Ghana", March 4, 2020. http://www.gipcghana.com/invest-in-ghana, 2020-08-09.

[3] Tsikata Dela, et al, "China-Africa Relations: A Case Study of Ghana. Draft Scoping Study for Africa Economic Research Consortium". Accra: *Institute of Statistical, Social and Economic Research*, University of Ghana(2008), pp.12—24.

条连接首都阿克拉和第二大城市库马西的公路。这使得在这两个城市之间通勤成为可能，并减少了夺走无数加纳人生命的交通事故数量。尽管加纳缺乏项目管理能力，这会导致施工项目难以按时、按预算完成，但中国施工方设法克服了这些困难，顺利完成奥法卡至萨翁高速公路的建设任务，取得了丰硕成果，赢得了加纳人民的信任。这也是中加两国人民友谊的见证，从此之后加纳人民对中国更加友好，因为中国用实际行动证明了中国的到来饱含善意。在2002年，时任加纳总统库福尔对中国进行正式访问，以改善两国的友好关系。中国时任国家主席胡锦涛于2003年开始对加纳进行正式访问，中国总理温家宝也于2007年访问加纳，展开非洲七国之行。随后，全国政协主席贾庆林向加纳发放了3000万美元贷款，推动互联互通项目建设，以期改善加纳与中国的军事和安全关系。[①]2009年，随着加纳经济水平的发展，70万中国移民来到加纳经商或其他相关工作。这将进一步挖掘加纳经济潜力，为加纳人创造更多就业机会。两国应继续研究一种新的发展模式，鼓励私营部门参与经济发展，为人民带来红利。此外，两国应更加致力于发展贸易和投资自由化和便利化，同时抵制贸易保护主义。

　　加纳在2007年6月发现了大量高价值油田，这进一步激发了外国投资者对加纳的兴趣。2010年，加纳与中国签署了一系列总额数十亿美元的协议，为基础设施项目筹措资金，并通过天然气和石油产业助力加纳经济发展。加纳政府与中国国家开发银行和中国进出口银行签署了总额130亿美元的协议，这一数额占加纳2012年国内生产总值的33%。2018年，两国签署了一份备忘录，中国政府将为加纳提供价值20亿美元的铁路、公路和桥梁建设服务，作为交换，中国将获得加纳5%铝土矿储量的开采权。[②]但这项协议招致了环保主义者、反对派和国际上政府投资伙伴的批评，他们认为这将导致债务可持续性面临越来越大的威胁。

　　由于投资是经济合作的一个关键领域，两国都认为有必要探索深化投资合作的潜力。在2000年至2018年期间，共有4000多家中国投资企业注册进入加纳，这些企业都在蓬勃发展，促进了两国经济的增长。此外，中国企业参与"一区

---

① Idun-Arkhurst, Isaac. "China and Ghana: A case study of engagement", *Africa Union*, Vol. 1 (2008), pp.13—23.

② Idun-Arkhurst, Isaac. "China and Ghana: A case study of engagement", *Africa Union*, Vol. 1 (2008), pp.13—23.

一厂"项目,加快加纳国家工业化进程,这是一个值得关注的领域。在融资合作方面,中国政府愿在合作期内,在电力、交通、电信、市政建设、教育等领域为加纳提供必要的资金支持。另一方面,在两国贸易关系方面,2017年中国成为加纳主要出口目的国,而可可占加纳对华出口的大部分,2007年占59%,2008年占78%,2009年占51%。后来这一趋势发生了变化,矿石占加纳对华出口额的大部分,占48%。在随后的几年里,矿产、燃料和石油一直是加纳对中国的主要出口商品。除2016年,中国商品对加纳出口总额逐年递增。中国主要向加纳出口纺织品、机电设备等工业制成品,加纳主要向中国出口原材料。这意味着加纳的原材料将被中国加工后重新进口回来,因此加纳也可以被视作中国工业产品原料的重要产地,而加纳也在双边贸易中处于出超地位。多年来,中国已成为加纳重要的出口目的国。加纳从中国进口的商品总价值不断增加,占进口总额比例也不断上升,且加纳从中国进口商品的种类日益丰富,这主要是由于中国工业产品种类日益增多。而加纳对中国产品需求的增加还有另一层原因,即加纳希望通过扩大从中国进口商品的数量以及相应货币手段营造紧缩的货币经济环境,扩大进口自由度,降低进口商品价格。在中加双边贸易的条件下,占据资源优势的加纳以出口原材料为主,占据产业技术优势的中国以出口工业制成品为主。换言之,由于中国在工业制成品方面具有生产力优势,中国向加纳出口的制成品更多,而加纳拥有巨大的初级资源,因此向中国出口的初级产品更多。

两国强调了通过在中国开展交流项目和参加各种研讨会和培训班,加强人力资源合作的重要性。2018年,中国政府邀请加纳代表团参加中国国际进口博览会等贸易促进活动,并在中国市场投放可可、腰果、淀粉、乳木果等产品广告,促进加纳原材料在中国市场的销售。

(二)发展原因分析

自1978年以来,中国的贸易自由化使中国经济得到了空前的发展。近年来,西非国家与中国的贸易日益紧密,加纳也不例外。中国与西非国家的贸易额在非洲国家贸易总额中占比不断攀升,这导致了西非的货币价值下降和资产价值下降。总而言之,西非对中国的贸易逆差一直在增加,一部分原因是消费者对相对便宜的中国商品的需求,另一原因是中国对进口商品的管制。中国的发展援助协定中包括了限制进口量要求。中国驻加纳大使王世廷表示,"加中贸易朝着平衡、可持续的方向发展"。在进口方面,加纳从中国的进口额在过去几年稳步上升,从 2000 年的 9600 万美元上升到 2018 年的 22.05 亿美元。另一方面,加纳对中国的出口额也迅速增长,从 2000 年的 1972 万美元增长到 2018 年的 2500 万美元。[1]这一增长在很大程度上是由中国工业品进口额增长和对中国廉价制成品的需求巨大导致的。此外,贸易改革、两国经济开放和中国加入世界贸易组织对中国的经济和贸易产生了重大影响。同时,这也对加纳工业部门的发展产生了重大影响,导致两国之间的贸易模式发生了变化。面对廉价进口商品的挑战,加纳本土的工业生产遭到破坏,并导致了加纳本土工业的衰落,加纳政府正在推出一些措施来阻止这一趋势。[2]加纳政府发起了一个项目,以改善在"购买商品"时本土产品的销路。尽管加纳发展本国工业的行为值得称道,但由于加纳对中国的出口额仍然不大,加纳国内的商品还是以进口为主。

(三) 加纳现行发展政策框架

在加纳,过去 20 年间许多旨在刺激经济发展和提高人民生活水平的政策和计划都取得了不同程度的成功。

加纳共享与发展议程是加纳当前现行的经济政策框架,即指导性政策纲领,加纳贸易政策的制定也基于此。在该政策的指导下,加纳贸易工作的重点是提高出口的竞争力,使出口和市场多样化和增长。加纳共享与发展议程政策文件也明确强调了农业部门的重要性。加纳的农业主要是自给自足的小农生产方式,与工业和服务业部门的联系很薄弱。预计这些农业和其他领域政策的实施将提高农业部门的出口竞争力。[3]

为了实现加纳产业的中心地位,贸易和工业部推行稳定的框架政策。加纳贸易部门的政策非常注重如下方面:通过扩大国内贸易规模,确保在全国范围内以加纳人民可承担的价格提供更高质量的加纳商品;追求高效进口管理,通过反垄断立法和其他法规,服务消费者;通过合理化所有关税和确定所有非关税贸易壁垒,在国际贸易中推行反倾销政策;积极有效地参与多边贸易,再次增加加纳出口特别是加工和半加工产品的市场准入水平,并为加纳出口商品提供稳定、公

---

① Ghana Business News, "Ghana, China trade reaches ＄7.5b in 2019", October 19, 2020. https://www.ghanabusinessnews.com, 2020-09-17.

② Quartey Peter et al., "*Looking East; China-Africa Engagements*", Ghana Country Case Study, *African Centre for Economic Transformation*(ACET)(2009), pp.9—21.

③ World Trade Organization, "Ghana-China Trade Policy Review", July 17, 2014. https://www.wto.org/english/tratop_e/tpr_e/s298_e.pdf, 2020-07-07.

平和有利润空间的价格。①

在自由化和全球化的经济环境下,促进快速、可持续工业增长是工业政策的重点。关键的长期政策应优先关注如下目标和原则:将工业占国内生产总值的比重从目前的16%提高到37%(到2020年),年增长率达到12%;使加纳的工业制成品在国内外市场上具有竞争力;确保所有工业制成品生产都是环保的;增加国内外制造业的私营资本;优化对当地原材料的使用。

加纳贸易政策目标的中期目标如下:实现加纳工业部门重组和主要工业部门的复兴,包括现有规模以上企业的效益增长、生产多样化和工艺现代化,并加强其竞争力;促进形成新的工业产能和对环境无害的工业生产方式,包括在以下领域增加投资、研发和获取可持续发展的新技术——森林开发、食品和农基工业、冶金工业、工程行业特别是电气和电子行业、纺织和皮革工业、化学工业、环境友好型新能源相关部门、包装工业。总的来说,加纳贸易政策的基本目的是更加深入促进本土私营企业发展,让本土和国际外来私营企业助力加纳经济增长,通过标准化生产提升加纳工业产品和后续服务的国际竞争力。

加纳发展的重点放在工业能力建设、提高妇女在商界的地位、通过培养创业精神发展个体经济和小微企业,并促进这些目标的实现。根据政府将加纳打造为西非贸易中心的议程,政府还作出重大努力,使商业环境更加友好,从而降低外商在加纳经商的总成本以及商业和工业企业土地使用费率;力图使加纳有一个繁荣、稳定的政治环境,从政策制定方面打造更好的投资环境。加纳由于拥有丰富的资源而成为非洲投资的首选国家,加纳政府必须制定有力的政策,以实现既定目标。为了保证这些目标的实现,加纳政府相当重视在行业中发挥妇女作用、通过创业发展个体经济和小微企业。

四、 中国与加纳经贸关系的评估

中加经贸关系在许多方面取得了成果,在两国领导人的领导下,双方贸易和经济的增长几乎涵盖了双方国民经济的所有部分。在合作中,非洲国家获得了资金、技术、设备等方面的支持,而中国也受到非洲国家在国际舞台上坚定的外

---

① Ghana Embassy Madrid, "Ghana's Trade and Industry Policies", March 12, 2019. https://www.ghanaembassy.es/trade-and-ministry-policies, 2020-08-29.

交支持。此外,中国还向非洲国家提出了新的合作发展策略,旨在提升经济发展与基础设施建设领域的双边合作水平,这些话题已成为全球范围内讨论的热点。本章详细探讨了中加经贸关系所取得的成就和面临的挑战。

目前大多数非洲国家早已抛弃了对中国的偏见,与中国发展双边关系,而中国也成为了世界第二大经济体。经常被西方人拿出来质问的一个问题是,加纳允许中国对其经济和各产业进行投资,到底能实现什么目标?作为回报,中国为加纳做了什么?

过去 60 年来,加纳和中国在许多领域的合作取得了重大成就,值得肯定。加纳于 1983 年与中国签署了第一个重大合作协议。加纳是中国重返联合国并获得安理会常任理事国席位最早、最坚定的倡导国和支持国之一。恩克鲁玛为中华人民共和国重返联合国奔走疾呼,这使两国之间达成了坚实的外交关系和贸易关系。两国之间良好的贸易关系使得双方能够频繁合作,共同促进贸易与经济增长。中方支持加方努力实现经济变革和地区一体化,加纳支持中方自主处理重大内政外交问题,同时双方保持了密切的高层交往。加纳向中华人民共和国提供了坚定的外交支持,中国为加纳的发展提供了物质援助。中国人修建的布伊水电站象征着两国之间的坚实友谊。在国际舞台上,加纳与中国建立了平等互惠的双边关系。在外交方面,对于主权和领土完整问题,两国愿意相互支持。加纳坚持把台湾视为中华人民共和国不可分割的一部分,支持"一个中国"政策,中国则继续积极支持非洲国家在联合国改革问题上的共同立场。加纳领导人对中国进行了多次外交访问,中国领导人也对加纳进行了高层回访。随着两国高层间的不断互访,中加最终在有关主权和领土完整问题上达成了一些相互支持的共识。加纳与中国之间多年的友谊是真诚的,两国人民唇齿相依,而两国也都致力于通过合作实现双方更大程度的发展。

(一) 中国对加纳的发展援助和投资

中华人民共和国向加纳提供的经济援助和一系列优惠政策涵盖加纳国民经济的方方面面。受援助的领域包括:卫生、食品和农业、教育、国防、文化、交通和建筑业。自从中国与加纳建交以来,中国的外交形象一直是负责任的大国,且与加纳之间有兄弟般的友谊。根据朱智群在 2010 年提供的数据,早在 1964 年到 1970 年,加纳就获得了中国总价值近 4300 万美元的赠款、贷款和技术援助。加纳与中国的第一个主要合作协议于 1983 年签署,协议的履行到 2004 年结束。

在双方政府的合作下,两国签署了总价为 3.9 亿美元的合同,其中大部分是关于道路和供水系统等基础设施建设的,这些项目主要由中国公司承建。①加纳的第一座中国建筑是 1961 年 8 月中国在阿克拉建造的临时展览馆,这是恩克鲁玛在与中国政府签署的一系列合作协议中谈妥的。②在冷战时期,展览馆是影响意识形态宣传的工具。然而,阿克拉展览馆却意在宣传中国在大跃进时期的出口商品。据估计,该展览馆共有 3800 件来自中国各经济部门的展品,包括重工业、轻工业、农业、文化业、教育业和出版业,以及讲述中国"日常生活和斗争"的模型和照片。此外,各种建筑模型与中国制造机械的展品相得益彰,有助于宣传中国工业生产能力的强大和技术的先进,该展览馆向国际观众介绍了中国社会主义建设和技术发展的奇迹。中国在加纳的第二个建设项目加纳国家大剧院于 1985 年 7 月 1 日中加建交 25 周年之际破土动工。在这次会议上,双方签署了一系列新的合作协议,并计划用中国设计、出资并施工建造的国家艺术剧院来取代首都原有的剧院。多年来,两国政府之间的良好关系也为一些其他基础设施建设开辟了道路。在前总统库福尔任期内的 2006 年,中国帮助加纳修建了阿克拉至库马西的高速公路,以缓解交通拥堵,减少交通事故频率。这项工程耗资 2250 万美元,工程款来自中国的无息贷款。在 2015 年,加纳中部地区的海岸角体育场在约翰·马哈马的见证下由中国施工方移交给加纳。由于这些项目,加纳人对中国人的到来表示欢迎,因为中国人已经用自己的实际行为证明,日益密切的中加关系是互利互惠的,而中国迅速发展的制造业对加纳的原材料需求极大,中加关系可以说是双赢的。

中国在加纳的经济活动对加纳经济产生了积极影响,并能最大限度地帮助加纳减少进口依赖,当地市场的缺口大多由中资企业填补。例如,加纳所需的一些家电、电子产品、机械从纯进口转而采购中资企业的产品。这使得加纳受益颇深,加纳不仅可以获得相对低价的商品,还可以使本国技术工人在参与生产的过程中学习技术,进行人才和技术积累。③中国在加纳的经济援助和经济投资几乎涉及加纳国民经济的所有领域,中国的援助和投资也受到了加纳政府和人民的交口称赞。使用中国政府提供的资金建成的工程有:诺博旺灌溉项目二期(含设

① Zhu, Z., China's new diplomacy: *Rationale*, *Strategies and Significance*, Ashgate Publishing, Ltd. 2010.

② Roskam, Cole. "Non-Aligned Architecture: China's Designs on and in Ghana and Guinea, 1955—1992." *Architectural History*, Vol.58(2015), pp.261—291.

③ Dunning, J., "The Eclectic Paradigm of International Production: Past, Present and Future", *International Journal of the Economics of Business*, Vol.8(2001), pp.173—190.

备安装)、阿菲夫灌溉项目、居蓬棉纺项目、丹索曼职业培训中心项目、加纳大学戏剧学院项目、加纳谷仓项目、丹贝东区医院项目、军营建设项目、国防部办公大楼项目、苏农阿索利发电厂、库马西青年中心项目、布依水电站项目、加纳电信网络扩建项目、外交和区域一体化部办公大楼项目、加纳铁路项目。随着新注册的中国投资项目数量持续位居加纳外国直接投资榜之首,①两国达成共识并继续建设了一大批相关项目。作为"一带一路"倡议标志性建设项目之一的×××公路项目目前在加纳动工。这条具有重大意义的公路连接了加纳首都阿克拉和加纳最大港口城市特马。这项道路工程包括四车道城市道路、铁路桥梁、立交桥、交通信号系统和控制中心大楼。此外,双方正继续紧密合作,以解决劳动力和设备等领域的问题。中国驻加纳大使馆商务参赞柴志静对《环球时报》表示,鉴于中国对加纳投资热情高涨,中加两国正在制定 2020 年的双重征税协定。2019年,在加纳的中国直接投资达到 7600 万美元。根据《环球时报》发表的报道,一名中国外交官表示,尽管受到新冠肺炎疫情的影响,但在 2020 年上半年,加纳工业领域的中国直接投资达到 3187 万美元。加纳沿海公路修缮工程从 8 月 14 日开始,将惠及 400 万人,并有助于加快区域经济一体化进程。中国的直接投资对加纳有着巨大的好处。在其 2018 年度报告中,作为负责管理加纳所有外国贸易和投资交易的机构加纳投资促进中心表示,2018 年从第一季度到第三季度,中国都是加纳的主要投资国,中国在加纳共有 24 个投资项目注册。此外,从加纳投资促进中心收集的数据来看,在过去的 18 年里,中国注册的投资项目和中加合资企业数量都有了巨大的增长。根据加纳投资促进中心的报告,从 2000 年到2018 年,加纳共有 4863 个中国投资项目注册。服务业是中国投资最多的行业,在过去的 18 年里,共有 1446 个投资项目。其次是制造业,共有 1065 个中国投资项目注册,而在同一时间段内,一般贸易业共有 899 个中国投资项目注册。然而,在建筑业领域只有 439 个中国投资项目注册。而后是通信业,共有 323 个中国投资项目注册。再之后是旅游业,这一数字为 316 个。中国在农业和出口行业领域的投资项目最少,分别为 191 个和 184 个。在六年的时间里,加纳共得到了 293 个中国直接投资项目。在 2006 年至 2010 年间,加纳制造业的中国投资额占加纳外国注册投资总额的 34.81%,一般贸易业占 32.42%,服务业占 15.36%,旅游业占 8.87%。近年来,中国已成为加纳重要的发展伙伴,为加纳提供了许多

---

① Ghana Embassy China, "Introduction to Ghana China relations", June 15, 2015. http://gh.china-embassy.org/eng/zjgx/t177920.htm, 2020-11-16.

援助,包括贷款、赠款和技术援助。截至 2005 年 9 月,中国对加纳的财政援助总额约 7.2039 亿元人民币(1.00557 亿美元),主要有:无息贷款 4.8339 亿元人民币(6957 万美元),贴息贷款 2 亿元人民币(2850 万美元),赠款 370 万元人民币(53 万美元)。①2010 年 9 月,加纳总统约翰·米尔斯对中国进行国事访问,中国政府向加纳提供了近 13 亿美元的发展援助。②2007 年,加纳获得了中国建造布依大坝的财政援助,并获准以经济作物可可作为向中国支付工程款。此外,2018 年,加纳与中国达成了一项总价 2 亿美元的协议,即加纳可以用铝土矿的形式向中国偿还贷款。大坝建成运行以来效率极佳,布依水电站项目被誉为中国人最成功的建设项目之一。布伊水电站使加纳的发电装机容量增加了 400 兆瓦,从而缓解了加纳的电力短缺。此外,与所有水电站一样,该项目避免了使用火力发电厂导致的温室气体排放,另一个收益是可以灌溉自由经济区 3 万公顷肥沃土地上的高产作物。

中国现已成为加纳最大的投资国之一,中国在 2012 年加纳外国注册投资额排行榜中排名第六。根据记录,中国目前是加纳多个领域的最大投资国。加纳从中国获得了大量直接投资,而作为中国援助的一部分,当加纳被归入重债穷国之列时,中国免除了加纳总价值 2400 万美元的贷款。③加纳驻中国大使馆的一名官员表示,截至 2012 年底,中国在加纳的直接投资总额已增至 5 亿美元以上。由于加纳在外交活动中对中国的一贯支持,中国加大了对加纳的援助力度。截至 2010 年底,中国对加纳的非金融类直接投资总额为 2 亿美元,同期承包的工程和签署的劳务合同价值 45.3 亿美元。④中国投资的很大一部分流向制造业和一般贸易部门。中国在农业、服务业和旅游业领域的投资额非常可观,这些行业有可能提供技能门槛较低的工作岗位,并造福大多数加纳人。从 1994 年到 2006 年,中国公司在加纳共注册了 249 个投资项目,其中 34% 的项目在制造业,

① Ghana Investment Promotion Centre, "Chinese registered investments in Ghana", March 4, 2020. http://www.gipcghana.com/invest-in-ghana, 2020-08-09.
② Tsikata Dela, et al., "China-Africa Relations: A Case Study of Ghana. Draft Scoping Study for Africa Economic Research Consortium". Accra: *Institute of Statistical, Social and Economic Research*, University of Ghana(2008), pp.12—24.
③ Tsikata Dela, et al., "China-Africa Relations: A Case Study of Ghana. Draft Scoping Study for Africa Economic Research Consortium". Accra: *Institute of Statistical, Social and Economic Research*, University of Ghana(2008), pp.12—24.
④ Nyarku, Felix, Ghana-China Bilateral Relations: A Treasured Fifty Years of Diplomatic, Cultural, Economic & Trade Relations(2017), pp.25—40.

19%在贸易行业。根据加纳投资促进中心的数据,中国是第一个在加纳注册投资项目数达到21个的国家。此外,2011年前三季度,中国注册的投资项目数量位居第二,共有54个项目。

2010年底,加纳总统约翰·米尔斯与中国签署了总额近13亿美元的发展协议。加纳从中国获得的贷款形式多样,用途各异。加纳从中国政府提供的巨额赠款中受益匪浅,尤其是在过去三十年中获益尤深。中国已向加纳多次提供债务减免方案。据加纳投资促进中心统计,中国近年来继续保持在加纳最大直接投资国地位,在2011年第一季度中国在加纳累计有23个新项目注册。2009年前9个月,中国在加纳启动了14个新项目,并在加纳外国直接投资榜中高居榜首。这一投资趋势与中国在非洲其他地区投资日益增长的趋势一致。中加两国已下定决心相互促进投资,探索新的投资领域。在基础设施方面,中国企业承担了包括水电大坝、道路和建筑建设在内的众多建设项目。根据加纳政府的建议,中国政府将加入亚洲基础设施投资银行(AIB),深化"一带一路"倡议合作,进一步深化了与中国的经济合作。亚洲基础设施投资银行和"一带一路"倡议的资金支持加纳国家发展至关重要的项目,特别是在道路、铁路、港口和港口扩张方面。在食品加工产业中,在加纳的中国公司为加纳原材料附加值的增加作出了巨大贡献,使用加纳原料的商品也得以进入中国市场。中国企业在木材出口、木制品加工、家具出口等领域也为加纳原材料附加值增加立下了汗马功劳。中国在各方面对加纳经济的投资都稳步提升,形成了对加纳本土企业的倒逼,这有助于形成良好竞争氛围,提升加纳企业的技术水平。中国企业进入加纳还不经意间带动了加纳房地产行业的发展。

(二) 技术援助

中国一贯支持加纳经济发展,并以贷款、赠款和债务减免等形式向加纳提供援助。技术合作是中国援助加纳的另一种方式,主要采取基础设施建设的形式,包括建设农业合作项目、碾米厂建设项目、阿菲夫灌溉项目和粮库项目、诺贝厄姆农田灌溉项目和加纳项目职业技术培训中心项目。此外,中国还向加纳提供了棉纺机械和沼气设备。在人力资源培训领域,多年来,中国政府向加纳学生提供奖学金,支持加纳学生赴中国学习,并举办相关培训班和研讨会。[1]在2006

---

① Tsikata Dela, et al., "China-Africa Relations: A Case Study of Ghana. Draft Scoping Study for Africa Economic Research Consortium". Accra: *Institute of Statistical*, *Social and Economic Research*, University of Ghana(2008), pp.12—24.

年,共有 300 多名加纳专业人员和政府官员从中国的培训班和研讨会中受益。中国对加纳的奖学金项目数量也从 20 个增加到了 40 个。2007 年,加纳国家通信主干网络项目获得了总额为 3200 万美元的一系列融资,以此作为该项目的起始资金,该项目旨在将各省首府和其他主要城镇通过电信网络连接起来。①2007 年 6 月,中国和加纳一起发表了关于加强贸易、基础设施、电信、教育、卫生、文化领域合作的联合公报。在温家宝总理访问加纳期间,两国共签署了六项协议,协议内容包括为加纳提供贷款以建设、扩建加纳电信网络基础设施,以及在加纳建设防控疟疾中心和一所小学。加纳政府和中国政府之间的技术合作主要是在中国为加纳人员提供培训以及在加纳的中资项目中提供技术支持。②例如由联合国开发计划署和中国政府联合发起的发展中国家间技术合作项目,该项目旨在提高加纳私营经济产业的人力资源能力。这些技术合作还包括提供信息技术支持、人力资源开发培训、农业、能源和教育等领域的相关培训课程。

(三) 贸易增长

加纳在 2000 年进入商业的黄金时期后,从政策上为全球贸易伙伴与加纳的贸易铺平了道路。此后,中国成为加纳最大的贸易伙伴,两国之间的贸易额在过去几年里经历了快速增长。中加 2019 年贸易总额达到创纪录的 74.6 亿美元(加纳对中国出口 25.6 亿美元,中国对加纳出口 49 亿美元),超过了其余贸易伙伴。在 2011 年,中加双边贸易额约为 35 亿美元。而在 2012 上半年,中加双边贸易额就超过了 23 亿美元,同比增长 72%。③中加贸易对加纳的经济增长具有重要影响。两国之间的贸易有助于加纳获得更多物美价廉的商品,原本负担不起昂贵欧美商品的加纳人民可以从中国商品处获得需求的满足。此外,中加贸易还使得加纳商人获得了大量价格较低的中国商品,并向加纳之外的非洲国家出售中国商品,为加纳增加贸易收入。

加纳与中国的贸易伙伴关系为加纳人民创造了就业机会。根据加纳投资促进中心的数据,中国将加纳视作非洲最佳的投资国之一。中国企业在加纳的建

---

① Quartey Peter et al., "Looking East: China-Africa Engagements", Ghana Country Case Study, *African Centre for Economic Transformation*(ACET)(2009), pp.9—21.

② Nyarku, Felix, Ghana-China Bilateral Relations: A Treasured Fifty Years of Diplomatic, Cultural, Economic & Trade Relations(2017), pp.25—40.

③ Ghana Embassy China, "Introduction to Ghana China relations", June 15, 2015. http://gh.china-embassy.org/eng/zjgx/t177920.htm, 2020-11-16.

立,为当地居民提供了大量就业机会,帮助加纳政府极大程度上解决了失业问题。尽管少数中国公司在加纳从事非法采矿活动,这些采矿企业仍然为加纳人提供了数目可观的就业岗位。根据 2008 年的数据,加纳人从中国采矿企业获得了约 2.4 万个就业岗位,其中包括直接从事采矿业的岗位和采矿业周边岗位。

随着中加间贸易额的增加,加纳企业将产生一种竞争意识,它们将不得不督促自己提升技术水平,开拓国际市场,努力将加纳本土产品销往其他非洲国家,并逐步开拓中国和欧美发达国家市场。[①]这将最终促进加纳脱贫进程,并提升加纳经济实力。

五、 中加经贸关系存在的问题与面临的挑战

随着中国在非洲影响力和存在感的日益增强,非洲爆发了一场关于中非贸易能否促进非洲可持续发展的大讨论。中国在非洲的经济活动日益增多,影响力不断扩大,在某些方面也给非洲国家带来了挑战和问题。在加纳,非法采矿(Galamsey)活动和加纳本土企业的倒闭是加中经贸关系的突出问题。[②]然而,中加关系同血缘关系、婚姻关系、友谊关系或者其他任何形式的关系一样,都经历了风风雨雨。中加关系经历了从 20 世纪 60 年代直到今天 60 年间的跌宕起伏。恩克鲁玛被推翻时,中国工人和驻阿克拉大使馆的工作人员于 1966 年被中国政府召回,直到 1972 年 1 月中加双方恢复双边外交关系并延续至今。值得一提的是,中加如今的政府间的合作处于极高水准。然而,挑战仍然存在。

(一) "淘金热"的兴起与整治

加纳是世界上公认的主要黄金出产国之一。加纳的黄金产量在非洲排名第一,在全世界排名第七。黄金出口额占加纳矿产出口总额的 90% 以上,[③]占加纳出口总额的 49%。然而,规模以下采矿活动是一个令人担忧的问题。加纳 90%以上的黄金产量来自阿散蒂地区,该地区是加纳人口最稠密的区域之一。该地区的金矿开采方式已经经过改进以在更大程度上保护环境,而一些非法采矿者

---

① Idun-Arkhurst, Isaac. "China and Ghana: A case study of engagement", *Africa Union*, Vol. 1 (2008), pp.13—23.

② Galamsey 是一个用来描述加纳非法采矿的术语。

③ Ghana web, "The reason why China is helping Ghana", July 2017. https://www.ghanaweb.com/GhanaHomePage/features/The-reason-why-China-is-helping-Ghana-554730, 2020-09-09.

的金矿开采方式对环境造成了严重污染。一段时间以来,少部分中国人进行的非法采金活动在加纳成为一大问题。众所周知,20 世纪 90 年代起,中国矿工开始进入加纳,这些采矿活动提升了加纳的黄金价格,阿散蒂地区作为金矿中心吸引了越来越多的人迁入,这一趋势持续到 2010 年。有学者认为,阿散蒂地区存在的大部分矿工是源于淘金热。据估计,居住在加纳的 2 万名中国矿工中,来自上林的矿工人数为 1.2 万人,而来自黑龙江和湖南等省份的中国矿工为数也不少。尽管加纳通过了 2006 年的《矿产和采矿法》和 1989 年的《小规模采矿法》禁止外国人进入采矿领域,但由于各自复杂原因许多外国人仍然能够从事采矿业。因此了解加纳小规模采矿的相关法律以及中国的采矿行业为何被加纳人视为挑战至关重要。

殖民时期加纳的黄金生产完全被殖民国家控制,但在独立后,加纳政府迅速控制了黄金产业。加纳最早的大型金矿开采公司是阿散蒂金矿公司。后来,加纳其他地区的几家大型矿业公司在金矿开采领域占据了上风。继 1983 年国际货币基金组织经济复苏计划之后,加纳政府颁布了 1986 年《矿产和采矿法》。在 1989 年,加纳政府放开了金矿开采业,并引入了《1989 年小规模采矿法》,以管理加纳的小规模和人力金矿开采。[①]根据小规模开采法,只有加纳公民或当地人才能在土地面积不足 25 英亩的范围内获得授权从事小规模金矿开采。一般来说,这种采矿模式是由加纳本地人进行的,资本支出很少,采矿者通常是个人或不到 10 人的团体。根据《小规模采矿法》的规定,希望从事金矿开采的公民需要获得探矿和后续开采的许可证。必须指出的是,该法律禁止外国人在加纳任何地区从事小规模金矿开采。

如前所述,小规模采矿的形式通常包括使用已淘汰和有害环境的方法来提取黄金,这会导致河流改道、污染空气和水土。在一些地区,由于水土流失和淋溶作用,甚至发生了沙漠化。从事小规模采矿的中国人通常使用汞从沉积物中提取黄金,这会导致矿区周围饮用水和地下水受到污染。由于饮用这些含汞的水,附近居民常有汞中毒现象,矿区周边的动植物体内也常常汞含量超标。

然而,要想遏制加纳的非法采矿问题,就必须加强法律的执行力度,这意味着直接参与采矿的中国人数量将减少。加纳政府对全国各地的非法采矿行为进行了清剿。2018 年,一场清剿行动共逮捕了 1370 名中国矿工。在此之前的

---

① A Report on Ghana's Mining Sector: "The 18th Session of the UN Commission on Sustainable Development"(2010), pp.1—34.

2017年,中国大使馆曾向加纳政府发出措辞严厉的警告,警告加纳政府如果在此问题上大做文章将影响中加双边关系。因此,加纳政府对抓获的从事非法采矿的中国公民采取驱逐出境而不是送上法庭。

为了寻求解决这一矛盾的办法,政府需要确保金矿开采企业使用先进、环保的方法开采黄金。确保环境不受不可逆的破坏,并保障周边居民身体健康。但为了达到这一目的,需要加大执法力度,对采矿企业进行教育指导,这都需要资金,因此解决这一问题仍然任重道远。

时至今日,尽管加纳政府努力减少非法开采行为,但中国人在矿业领域的影响力至今不减。许多加纳官员希望,中国人参与非法采矿的问题会在未来得到解决。

(二) 进口商品质量良莠不齐

加纳商人以向加纳订购低质量产品规格形式从中国进口不合格产品的问题同样严重。一家在加纳的中国公司证实了这一点,该公司表示,中国公司本身并不生产不合标准的商品,所有商品都是按照加纳进口商要求的规格生产。该公司还提到,中国商品的质量水平分为不同层次,分别对应不同人群的消费者。必须指出的是,在加纳市场中,大多数中国产品的质量和价格都很低,但它们基本上满足了加纳低收入群体的需求。不过,从长远来看,这可能不利于加纳的持续发展。中国企业取代加纳本土企业的趋势也是一大问题。这是因为加纳人更愿意采购中国商品,而不是加纳商品,这也使得大批加纳企业倒闭。其背后的主要原因是,低收入水平的加纳人只能买得起便宜的商品,虽然这些商品的质量显然很差。正如中国俗话所说:"一分钱一分货。"

(三) 贸易不平衡

在2016年1—6月中国与加纳双边贸易额为28.25亿美元,同比减少6.35%,这一数字在所有非洲国家中列第6位,在24个中西非国家中仅次于安哥拉和尼日利亚,位列第3名。其中,中国对加纳出口商品总额23.09亿美元,同比减少0.59%,中国从加进口商品总额5.15亿美元,同比减少25.66%。[①]而在2019年1—12月,中国与加纳双边贸易总额为74.6亿美元,同比增长2.9%,其中,中方出口总额49亿美元,同比增长1.9%,进口总额25.6亿美元,同比增

---

① Ministry of Trade and Industry Ghana, "Ghana-China Total Trade 2004—2018", November 11, 2020.

长 4.9%。①这种形势中国占据优势而加纳处于劣势。加纳对于中国的出口额很低，而进口额却很高，这就形成了较大的贸易逆差，这对加纳的发展并无益处。

研究表明，加纳对中国的出口额与进口额之比非常低。对中国出口产品的构成显示了加纳工业部门的薄弱。很明显，加纳的工业部门正受到来自中国工业制成品进口数量增加的挑战。加纳的工业面临着内外部市场的竞争。考虑到加纳的工业企业大都发展状况并不理想，加纳必须推出政策来应对中国进口继续增长、本土人口失业和经济多样化受阻而出现的去工业化现象。

如前所述，中国企业与加纳企业之间存在着巨大的竞争，这种竞争对加纳纺织业的影响尤其巨大。一个典型的例子是，中国企业带来了他们廉价的仿造非洲服装。人们可以在加纳一家非常著名的肯特布料店购买正宗的手工编织衣物，也可以选择中国的工业制品。在加纳每年销售的总值 2.5 亿美元的非洲花布中，当地生产的纺织品只占四分之一。在纺织业领域，情况更加复杂，因为中国商人除了在加纳服装业参与竞争外，还大量引入中国款式的纺织品。在 2006年，中国大约 30%的纺织品出口到加纳。

结语

本文探讨了中加经贸关系的现实意义及其对两国关系的挑战。与许多其他非洲国家一样，中国对加纳的慷慨援助正帮助加纳填补交通、电信和能源等基础设施方面的短板。中国是加纳最主要的援助来源国和贸易合作伙伴。加纳前途可期，随着中加经贸合作的不断深入，加纳的消费、农业、银行、物流和工业等各领域都将在中加合作的背景下得到发展。因此中加两国必须进一步深化合作，而中加间互利共赢的合作模式也将成为未来世界双边与多边合作模式的范本。与此同时，中国将援助行为与企业盈利联系起来，大大提升了中国在加企业积极性。虽然中国企业入场给加纳企业带来更多竞争压力，但更多意义上来说还是促进了加纳交通、贸易、投资等领域的发展。如何一面营造良好的外资营商环境，一面扶持保护加纳本土制造业企业，这对加纳政府的执政水平和政治智慧提出了考验。加纳政府必须认真落实政策，消除投资瓶颈，简化行政审批流程，打

---

① Ministry of Trade and Industry Ghana，"Ghana-China Total Trade 2004—2018"，November 11，2020.

击贪腐,以保持良好的营商环境和对外国投资的吸引力。

在贷款领域,有研究者担心加纳会因无法偿还贷款导致自身陷入债务陷阱。但笔者认为,如果加纳无法通过货币手段偿还外债,也可以通过提供原材料的方式偿还。中加两国可以就这一问题展开磋商,达成协议,以原材料的形式支付贷款。这对加纳也是有利的,一方面可以减轻加纳政府的负担,另一方面可以促进加纳经济平稳发展。

此外,贸易也是中国经济政策对加纳经济持续施加影响的重要领域之一。加纳一直面临国内外的竞争压力,其工业部门正面临来自中国工业制成品进口增加的挑战,这种挑战由来已久。由于加纳工业企业发展水平较低,技术能力较差,面对国内外竞争时往往居于劣势,因此加纳必须出台政策应对中国商品数量继续增加、失业率上升和自身经济多样化进程受阻等可能出现的去工业化现象。必须强调的是,为实现中加两国之间的贸易平衡,加纳必须加强其国内工业基础,使之具备生产高附加值产品的能力。同时这种现象也将激发加纳企业的竞争意识,敦促加纳工业企业生产出能与中国产品媲美的工业品,并将加纳工业制品销往西非乃至全世界。这种转变将对加纳社会发展产生重大助推作用,这将助力加纳的减贫事业和就业岗位的增加。发展工业,生产高附加值产品是加纳发展经济、提高收入水平、提升国际地位的必要举措。因此,我们应该认识到,有时候想要提升国家的发展水平,就必须对内政外交政策进行调整。为应对新时代的挑战,加纳应提升对外开放水平,制定政策,解决知识产权、贸易援助、海关关税和其他与贸易有关的问题。

加纳还应对外界援助善加利用,不仅从资金和技术中获益,也应借此机会提升自身人力资源水准。加纳可以通过聘请中国技术专家赴加纳工作或讲座,让加纳专业技术人员参与学习,进而形成人力资源水平的提升,而非简单地从中国获得资金。同时加纳也可以选派优秀的技术人员和管理者,赴中国深入学习。这将使加纳技术水平大大提升,对外界援助依赖度下降,同时这也将使中国与加纳的经贸合作更加顺畅。与此同时,这将提升加纳工业生产的技术水平和产量,加强中加政治与经贸合作,促进中加政府的更深层次交流。因此,加纳想要走上富裕之路,就必须大力发展本国工业企业,形成自己的工业产能。在可可出口领域,加纳也可以通过生产高附加值的可可制品规避国际市场可可原材料波动的风险。

近年来,随着中国与加纳外交关系日益密切,中国对加纳的援助数量迅速增加,这种双边关系毫无疑问是双赢的。中加两国政府如何制定政策以顺应中加合作的大趋势值得研究者持续关注。中国在中加交流合作中应采取更加包容开放的态度,求同存异,将中加合作交流全面深入到文化领域。随着中国综合国力的增长和"一带一路"倡议的稳步推进,中国在加纳众多合作伙伴中的地位会迅速提升,加纳也是中国在西非的重要合作伙伴,中国应对加纳的经济发展状况和政治稳定给予更加密切的关注。在新时代,希望中加两国携手共进,在公平互利的基础上深化合作,共同发展。